JN410270

만인시인선 · 40

대구여성시 20인선집

대구여성시 20인선집

만인사

| 책 머리에 |

시의 나라에는 차별이 없다

박정남

시는 열려 있는 몸에게로 온다. 열려 있는 몸은 위태위태하다. 상처가 되는 줄도 모르고 무엇이든 간에 품어 임신하고 출산을 한다. 임신과 출산의 고통의 길을 걷지 않고 쓰여지는 시가 어디 있겠는가.

내가 등단한 70년대 중반만해도 대구에는 여성 시인이 나 혼자뿐이었다. 당시 대구의 시인은 70명 정도였다. 그래도 열심히 시인들이 모이는 곳에 홍일점의 얼굴을 내비쳤다. 무아다방이다, 미단이다, 맥심이다, 세르팡이다, 은하다방 등의 이름이 떠오른다. 백자와 음악을 좋아해서 열심히 도자기가게와 레코드점에 가서 놀았고, 그림책 보기도 좋아했다.

당시 경북대학교에서 「시론」을 강의하신 김춘수 선생님은 이런 나에게 번번이 "시는 악세사리가 아니다"고 강조하셨다. 그리고 등단의 관문인 추천을 당시 『현대시학』 주간인 전봉건 시인에게 부탁하곤 "시도 안 되고, 인생도 안 되면 어찌 보냐"고 뒤에서 걱정하셨다고 한다. 여성이 시를 쓴다는 것, 하나만으로도 위험하다고 느껴지던 시대였다. 대학을 마친 뒤 교직에 자리를 잡았고, 결혼을 하자 금세 팍팍한 현실에 감금당하고 말았다.

여성시인으로 산다는 것은 결코 수월하지 않았다. 첫 시집 『숯검정이 여자』를 발간한 뒤 잡지사나 가까운 시인들의 전화가 와도 남편의 완고한 고집 때문에 눈치 아닌 눈치를 보아야만 하였다. 어느 볕 좋은 가을 문협 소풍날, 문우들과 소풍도 못 가고 대신 대문간에 올라가 빨갛게 익은 구기자를 따면서 덧난 상처의 그리움을 달래기도 하였다. 아, 나에게도 그런 절박한 그리움의 세월이 있었던가.

나는 오랜 교직 생활을 마감하고 비로소 시에 몰두할 수 있게 되었다. 그러나 내 몸은 부르는 곳이 너무나 많다. 놀고 있는 꼴을 보지 못하고 사방에서 부른다. 놀고 있는 몸이 시를 쓰는데, 그래도 부르는 데가 있으니 거기 가서 일을 도와준다.

나는 요즘 대구가 아닌 서울 딸네집에 가서 외손녀를 보고 있다. 한 어린 삶을 송두리째 들여다보며 살피고 있다. 교사 시절 두 딸을 가정부 손에 키운 나로선 이 일이 기쁨인 동시에 치유이고 돌봄이다. 그리고 시는 어디에도 있다. 바로 내가 몸 담고 있는 이곳에서 가장 탄력 있는 시를 건지자.

지난 가을 추석을 앞둔 토요일 오후, 자리를 같이 한 박진형 시인은 "만인시인선 30호는 오리시집으로 내었는데, 40호는 대구여성시인선으로 하고 싶습니다"고 하였다. 나도 "그것은 대구시문학을 위해서도 좋은 일이지요. 우리 여성들도 한 번 해 보고 싶었는데 잘 되지 않았어요"라고 반색하였다. 박 시인은 내가 여성시인 가운데 등단이 가장 빠르고, 대구시협 회장도 지냈으니 의논 상대로 불렀다고 하였다. 몇 번의 조율을 거쳐 20명 내외로 선정하여 시선집을 묶기로 하였다. 다소 아쉬움이 남았으나 후일을 기약할 밖에…….

문학은 독자적이다. 오로지 자신의 몫이며 시의 나라에는 차별이 없다. 이제 한국문학 속에서도 대구의 여성시인들은 결코 외롭지 않다. 어느새 대구의 여성시인 수도 늘었다. 한 200명은 족히 되리라. 많은 애독자들이 대구여성시인들이 내는 목소리와 그들이 쓴 시를 즐겨 읽고 싶어한다. 해마다 개성있는 시집들이 쏟아져 나오고 있다.

아무튼 만인시인선 40권으로 출간된 『대구여성시 20인 선집』이 대구여성시의 깊이와 넓이를 가늠해 볼 수 있는 바로미터가 될 것이다. 또한 이 시선집을 통해서 대구문학의 오늘과 내일을 엿볼 수 있는 거울이 되기를 꿈꾼다.

차 례

| 책 머리에 |

시의 나라에는 차별이 없다/박정남 —— 5

| 강문숙 편 |

청동우물 —— 16

마뜨료쉬까 —— 18

따뜻한 종이컵 —— 20

세미나 —— 22

우울한, 꼭 그렇지만도 않은 —— 24

| 강해림 편 |

유리 —— 26

의문들 —— 28

시간에 대한 나의 몇 가지 편집증 —— 30

CCTV가 돌아가고 있다 —— 32

너무 오래 된 책 —— 34

| 고희림 편 |

지평선에서의 하룻밤 —— 36

모순 —— 38

세속도시에의 권유씨 —— 40

차 례

자전거타기의 즐거움 —— 42
내 어릴적 흙은 —— 44

| 권운지 편 |

고장난 시계 —— 46
낙화를 따라가다 —— 47
봄에 쓰는 시 —— 48
私信 —— 49
은하 —— 50

| 김기연 편 |

수요일 아침에는 완두콩이 된다 —— 51
나를 관람하다 —— 52
소리에 젖다 —— 54
산이 色 풀고 있다 —— 55
가을 포도밭 —— 56

| 김현옥 편 |

연인 —— 57
모든 인연들은 구름이었으므로 —— 58
니르바나 카페 —— 60
핑크 플로이드를 산책하다 —— 61
길, 그리고 집 —— 66

차 례

| 류인서 편 |
전갈 — 68
상사화 — 69
혀 — 70
눈 — 72
위조화폐 — 74

| 박미영 편 |
불순한 절멸 — 76
너는 도대체 밑바닥에 있는 무엇을 본거니 — 77
엉덩이 — 78
비열한 거리 — 80
지하도 — 82

| 박소유 편 |
관계 — 83
적소 — 84
〈겹〉을 풀다 — 86
어둠은 너무 맑아서 — 87
해미읍성 — 88

| 박이화 편 |
이화에 월백하고 — 90

나의 포르노그라피 —— 91
천일야화 —— 92
놈들 —— 94
별이 빛나는 밤에 —— 96

| **박정남 편** |
달 —— 98
나팔꽃과 어둠 —— 99
박하사탕은 화하다가 —— 100
女子 —— 102
봉선화 물들이기 —— 103

| **박지영 편** |
폭설 —— 104
그게 걱정이네 —— 105
저녁들 —— 106
검은 맛 —— 108
프란시스 베이컨의 여인 —— 110

| **백미혜 편** |
돌은 못 밑에서 열린다 —— 111
백합의 문 —— 114
토마토 씨앗을 심은 후부터 —— 116

차 례

섬 — 118
공 구르기 — 120

| 서영처 편 |
멀고 먼 추억의 스와니 — 122
후미진 굴헝 — 124
디, 디, 디제이 하는 염소들 — 126
오, 나의 태양 — 127
THE# — 128

| 송종규 편 |
가시연꽃 — 129
서기 2010년, 봄 — 130
얼룩 — 132
떡집 여자 — 134
그런데, 나는 정말 — 136

| 이규리 편 |
수레국화 — 138
공중 무덤 — 140
결혼식 — 142
저 푸른 초원 — 144
꽃 — 146

차 례

| 정 숙 편 |
번개탄, 저 봄 햇살 ――― 147
흰 소의 울음징채를 찾아 ――― 148
우포늪에서 ――― 150
休火山이라예― ――― 152
안개꽃, 그 흰 그늘 ――― 153

| 정유정 편 |
식물도감은 나를 바람나게 해요 ――― 154
배웅 ――― 155
나는 보석을 사면 캄캄해진다 ――― 156
라벤더, 보랏빛의 이별 ――― 157
벌레 ――― 158

| 조행자 편 |
바람꽃 ――― 159
풀꽃이고 싶다 ――― 160
생의 한 저녁 ――― 162
하오 6시의 풍경 ――― 164
기침 ――― 165

| 황명자 편 |
엄마가 빠져 나가셨다 ――― 166

차 례

복사꽃 꽃술이 —— 167
전생을 보다 —— 168
유서를 쓴다 —— 169
삼나무숲을 바라보다 —— 170

대구여성시 20인선집

| 강문숙 편 |

청동우물

할아버지의 할아버지가 그의 아내와 지나간다.
댕기머리 아들이 천자문을 끼고 지나간다.
헛기침하며 교자 탄 나으리가 지나가고
농사꾼 방물장수 유기전의 사내들이 떠들며 지나간다.
쪽진 머리의 그의 아낙들 젖통을 흔들며 지나간 뒤
소와 말, 돼지와 홰를 치던 닭들이, 쥐새끼들이 지나갔으리.

천체박물관 전시실 안, 앙부일영(仰俯日影)* 청동의 육중한 원을 따라 하염없이 감겼다가 풀리는 소리들이 있다. 웅웅거리며, 무수한 결을 따라 돌다가 전시실을 가득 채운다. 그 소리는 푸르다.

기록되지 않은 역사란 때로, 소리가 되어 떠돌기도 하는 것인지, 저 깊은 시간의 우물 속을 들여다보노라니 머리끝이 쭈뼛해진다. 사소한 기억까지도 담고 있는 청동 우물.

손바닥을 대어보니, 사라진 것들이 속속 돌아와 울음 섞인 노래를 풀어놓는다. 자꾸 슬픔 쪽으로 기울어지며, 무중력의 그 속으로 빨려 들어가던 나는 문득, 어디서 왔는지 한 점 서러운 꽃잎이 떨어지는 걸 본다.

비와 바람과 햇빛들이 일렁이는 심연에서, 이윽고 아득하고도 맑은 종소리 울려나온다. 어느 사원인들 저토록 깊을 수 있을까.

오랫동안 둥근 달을 발효시키고 있던 청동 우물 속이 환해진다.

*세종 때의 해시계, 저자거리에 놓아두고 지나가는 사람마다 볼 수 있게 함.

마뜨료쉬까*

마뜨료쉬까, 할머니 거기 계셨군요.
둥그런 통치마 마름 펼쳐놓고
반짇고리 꺼내어 바느질하다가
잠깐, 배 아파 니 엄니를 낳았니라.
한 사흘 베틀 위에 앉을 일 면해서
편할 줄 알았는데, 한밤중에도
철커덕 탁,탁, 베틀소리 잠깨셨다지요.

삼십 촉 알전구가 하품을 해대는 새벽 녘
어렴풋한 잠결 머리맡에, 물레를 돌리시는
할머니와 처녀 엄마,
두런두런 목소리도 닮으신 당신들은
밤을 새우실 요량이시군요.

무명 흰 치마 입으시고
광화문에 계시는 할머니,
아침이면 마이니치신문에 전송되는
사진 속에서, 소리 없는 울음 혼자 우시겠지요.

밤새워 돌리시던 물레로 짠 그 치마
아직도 입고 계시는군요.
오늘은 행진하는 촛불 속에서
소녀들이 또 울고 있네요.

학교에서 배운 대로 할머니를 열고
어머니를 꺼내니, 어쩌면 좋아요.
그 속에 또 한 다발의 할머니가
꾸역꾸역

*인형의 몸통을 열면 겹겹이 같은 인형이 들어 있는 러시아 전통 목각인형

따뜻한 종이컵

종이컵이 따뜻하다.
공원 한 귀퉁이에 허름한 중년처럼
서 있는 자판기.
커피 한 잔 뽑아 마시다가, 문득
객쩍은 생각을 해본다.

짚둥우리 속에서 막 꺼낸 달걀은
암탉의 항문으로 나온 게 안 믿어질 만큼
희고 따뜻하다, 매끈하다.

혓바닥 아래 고인 침처럼 상긋하게
피어난 옥잠화의 흰 살결.
벌의 항문을 거쳐서 피어난 꽃들,
그 향기도 대저 항문의 그것이니

쿰쿰한 엄마를 열고 나온
신생의 애물단지들아.
희고 아름다운, 향기롭고

따뜻한 것들의 떠나온 문은 하나다.
종이컵을 내려놓고, 슬쩍
거길 만져본다

세미나

부부일치 세미나— 소백산 관광호텔 크리스탈 볼룸

잘 구겨지지 않고, 물기에도 번지지 않게
빳빳하게 코팅된 이름표 달고
잘 구겨지고 사소한 습기에도 잘 번지는 부부들이
제각기 잘 코팅처리 된 얼굴을 달고
2박 3일쯤 세미나하고, 사우나하고
끼리끼리 손 잡고 일치하다가
호텔 정문 앞, 원형 잔디밭에서 기념사진을 찍는다.
앞줄은 다리를 펴고 앉고
뒷줄은 무릎만 굽히고
맨 뒷줄은 선 채로 어깨를 세운다.
김치이 대시 일치이, 하고 일제히 렌즈 속으로 들어
간다.

찰칵! 빛 바랜 흑백사진 한 장
아빠하고 나하고 만든 그 꽃밭에는
맨 앞에 채송화가 깔깔거리며 앉고

그 뒤엔 봉숭아맨드라미겹백일홍금잔화
다알리아 접시꽃은 맨 뒷줄에 심고, 아버지 돌아 보시며
얘야, 아무래도 너는 꽃밭 한가운데 심는 게 제일로 좋겠구나

서로 말뚝을 박고 금을 긋는 순간부터
한 치의 생각도 일치하지 않는 세상에
세미나하면, 세상과도 일치하고
남자와 여자도 일치하고
일치할 수 없는 것도 일치할 수 있나.
나도 이제 세미나해야겠다.
내 푸른 절망과 희망의 일치, 또는
수시로 흔들리며 충돌하는 내 안과 밖의 화해를 위하여.

우울한, 꼭 그렇지만도 않은

갑자기 모든 것이 간단해지고 말았다.
아침이다
—레마르크

식이요법 이십삼일 째, 맛소금에 버무린 야채는
거의 실신 상태로 밥상에 끌려나와 앉아 있다.
막 한 술 뜨려다 숟가락을 떨어뜨렸다.
참았던 울음이 터진다.

수술대 위에서 열 한 시간만에 눈을 뜨고도 울지 않았는데,
그까짓 숟가락 놓쳤다고 그렇게 우냐?
먹기 위해서 사는 게 아니라고 우기더니
겨우 한 그릇 밥통이었다니, 치사하다.
(가끔은 생각하는 밥통?!)

일흔 다섯 해, 진짓상을 경전처럼 받으시던

아버지. 숟가락 놓치신 일이 왜 없었으랴만
한 말씀, 내 숟가락 위에 얹으신다.

숟가락은 생의 바다를 저어 가는 놋대인 거라
놓쳤더라도 겸손하게 다시 잡아야 되는 거라

사는 게 가장 진실한 것임을 목메이게 하는 아침.
누가 이런 날 있을 줄 알았을까
우울한, 그러나 꼭 그렇지만도 않은.

강문숙/1955년 경북 안동 출생. 1991년 《매일신문》신춘문예 시 당선, 1993년 『작가세계』 신인상으로 등단. 시집 『잠그는 것들의 방향은?』, 『탁자 위의 사막』, 『따뜻한 종이컵』, 『보고 싶다』(공동사진시집) 등 출간. 대구시인협회상 수상. 〈시. 열림〉 동인.

| 강해림 편 |

유리

그녀는 자폐증을 앓는 계절, 분열하고 싶지

그녀는 물의 뼈, 투명한 등뼈를 타고 흐르는 무의식이 빤히 보이지

그녀는 고요의 비명, 낚아채 간 햇살들로 고요히 끓어올라 내게 파고들지

그녀는 슬픈 마그마, 공포와 불안으로 흘러 넘쳐 얼룩지고 싶지

그녀는 빛의 장례, 빛을 잉태하는 순간 무덤 속으로 사라지지

그녀는 세상의 모든 은유, 세상의 모든 맑고 투명한 독을 마셨지

그녀는 스팸 메일, 한밤중에도 균열의 문장으로 내

게 메시지를 보내오지

그녀는 첫서리, 오래 전 죽은 관능으로 내 목덜미를 와락 끌어안지

그녀는 하얀 악마, 피 묻은 파편 차가운 미소가 아름답지

쨍그랑!

깨지는 순간 내 눈 속에 박히는,

의문들

아무도 모르고, 아무도 모를 수밖에 없는 것들의 치정을

내시경으로 들여다보는 내 욕망의 횡설수설을

너 죽은 지 이레째 이제 수취불명의, 천지간에 없는 네 영혼의 주소를

내 전생의 마흔 아홉 댓귀의 이야기들을

저 높은 곳을 향하여 흘러가는 미혹과 망상의 흰 구름떼를

일곱 빛깔 쌍무지개의 편의적 가설을

소크라테스도 피론도 한 권의 저서도 남기지 않았다는데 말짱 헛소리뿐인 내가 쓴 문장들을

붉은 여우는 보름달이 뜨면 북쪽이 그립고 발정기가 되는가를

유통기한이 끝난 내 사랑의 부패속도를

결국 한 마리의 물고기도 못 잡아 올리는 언어의 매트릭스를

혁명은 왜 꽃처럼 아름답지 않고 치명적인가를

신기루는 사막의 혼이 아닐까 하는 따위의 내 궁벽한 상상력의 진원지를

오류와 불편뿐인 내 영혼을,

시간에 대한 나의 몇 가지 편집증

벽과 벽 사이에 시간의 집이 있다 시간은 아무도 없는 집에 홀로 남아 늘 혼자 논다 똑딱똑딱 외롭지 않다

결국 자기 꼬리를 물고 돌고 돌았을 뿐, 어느 날 문득 저 높은 유리 담벽을 넘어 탈옥을 꿈꾸었는데, 시간의 집은 전망 좋은 집 바라보기에 좋은 처소에 있다

한 번도 내 품에 든 적 없는, 그러나 내가 고요에 들 때 내 몸에 장전된 너를 느낀다 눈도 코도 귀도 없는 부재의, 사랑스러운 너라는 괴물!

한밤중에 깨어나 혼자 듣는 네 숨소리 째깍째깍 금속성의 검은 수의를 짜는, 내 목을 죄고 두개골을 갉아먹으며 파고드는 째깍째깍

시간은 힘이 세다 썩지 않고 붕괴되지 않고 벌레의 밥이 되지 않는다 죽을 것같이 쓰리고 아픈 상처도 거뜬히 들어올린다 내 망각의 늪 속엔 시간이라는 이름

의 푸른 악어가 산다

만물 수리상 김씨네, 뻐꾸기 소리 사라진 숲 속의 그 많은 시계바늘이 가리키던 시간들은 다 어디로 갔나 동상이몽의 톱니바퀴들 근친상간적 소망으로 시간은 광합성 작용을 일으키고 재생산될 것이다

태양과 달의 아들, 대지가 너를 젖먹이고 바람이 길들여 키웠다 딸랑딸랑 유랑마차를 타고 한 번 집 나갔다 하면 돌아올 줄 모르는

누가 그를 본 적 있나요?

CCTV가 돌아가고 있다

지하창고 속은 밤이다 별이 뜨지 않는다 차르르 차르르 소리도 없이 폐쇄회로의 보이지 않는 눈이 창고의 내부를 핥듯이 주시하며 지나간다 이윽고 낯선 방문객처럼 그가 흘러들었다 훅, 달빛냄새가 뿌려졌다

스스로를 향한 방어벽을 쌓듯 아슬아슬 몸 포개고 있는 상자들, CCTV의 눈빛이 닿을 때마다 상자 위의 먼지들이 움찔거리는 듯 긴장한다 너무 오래 가까운 것만 바라본 탓에 약시가 될 법도 한데 모종의 음모와 허튼 짓의 기미를 오독 없이 읽고 있다

하지만 두려워 말라 오랜 반복학습에 길들여진 양 배후조종될 뿐이다 창고 속을 어슬렁거리던 그가 잠시 두리번거린다 누군가를 취조했을 때 사용했을 성 싶은 낡은 나무의자에 앉아 본다 순간, CCTV의 눈이 그를 노려본다 CCTV의 눈은 세발낙지의 흡반처럼 맹렬한 식욕을 가졌다

문득 주춤거리며 서 있던 그가 매끄러운 화면의 기억 속으로 걸어 들어간다 기억은 늘 저 상자들 묶고 함부로 버려둔 노끈처럼 쓸쓸하고 질기다 미노타우로스의 미로들이 태엽을 풀고 줄줄 흘러나온다 시간의 비상구에 잠복해 있던 것들, 가령 모든 의심의 처음과 끝이었던

어쩌다 무심한 그때, 도난당한 풍경 속 사물들이 개기월식의 검은 달이 되어 굴러다닌다 장물아비 같은 어둠이 낄낄거리며 훔쳐보는 사이, 누군가 플래시 불빛을 갖다 들이미는 듯 두려움이 사라진 길은 환하다 그는 상자 하나를 들고 휘휘 휘파람을 불며 유유히 빠져나간다

CCTV는 끝내 그를 보지 못했다

너무 오래 된 책

반월당 하늘북 서점 앞
나무의자에 노인이 잠들어 있다

환한 대낮

수거하다 만 폐휴지를 실은 손수레에 엎드려
다시는 깨어나지 않을 듯
꽁꽁 묶은
잠의 입구는 단호하다

임시휴업 안내문이 붙은 유리창 너머
책들이 바리케이드 치는 동안
뛰뛰빵빵 도시의 소음이
잠의 영역을 업그레이드시키고 있다

중얼중얼잠꼬대같은잠의문장들이걸어나와손수레에
실려가고꿈결인듯생시인듯잠의풍경들이스쳐지나가고
미처건너지못한행과행문장사이졸음겨워라깜박깜박신

호등은빨간불켜놓은채 졸며서있고

그가 수거하러 다니느라 누볐을 거리
쩌억 들러붙은 추잉검처럼 요지부동인
잠의 주소
잠의 행방이 묘연하다

문득 그는 없고
금서로 낙인찍힌지 오래인 듯 깊고 깊은 잠
첫 페이지에 꽂히는
햇살, 햇살!

강해림/1954년 대구 출생, 1991년 『민족과 문학』, 『현대시』로 등단, 시집 『구름 사원』, 『환한 폐가』 출간.

지평선에서의 하룻밤

들은 텅 비었으나 경운기 소리로 꽉 차 있었다
냇물은 불었으나 갈길을 막는 것은 아니었다
오히려 내가 나를 붙드는 것일까 이런 생각 뿐이었을 때

들판에 꽉 찬 신기루가 말했다

나는 사람들보다 소리가 더 가까운, 외딴 풀밭이다
설계 명랑한 집, 비닐하우스다
개울이 커튼처럼 흘러내리는 농로다
이제나 저제나 기다리던 배역이다
제목은 '철새공화국' 이다

나는 물 아래 소리와 물 위 소리 사이에 누워 있다
나는 저 모든 지상의 것들을 위한 희생자다
대지의 자궁 속에 뼈처럼 산처럼 쌓여 있는 길고 예리한 뿌리들이다
나는 땅 밑에서 올라와 땅 위를 미친 듯 돌며

깊고 뜨거운 그 많은 길을 견뎌온 늙은 왕자의 달을 잉태하였다

어쩌랴 어쩌랴
내일 아침이면 그 실루엣의 배가 지평선 위로 불룩 솟아 오를 것이다
우리가 태어나기 전부터 시작하여 우리가 죽고 난 다음에도 생산일 것이다
생산이 끝난 벌판에 바람이 일듯

모순

긴 긴 호수에 장좌불와한 운문산, 허리 아래가 없다
너머 그 너머를 홀연한 허리로 이어주는 들길은 시작도 끝도 없는 유곽

딱정벌레같은 마을버스에서 내리는 수수밥뭉치처럼 음랭한 노인 한 분
빈 유곽을 이리저리 뜯어 보신다

어떤 큰나무는 몇 둥지나 되는 까치집을 제 계집처럼 매달고
철새똥 세례 퍼붓는 아직 어린 나무들 데리고
병든 벙어리부인 들길이 절룩거리며 사라져

사람똥 쌓이는 집 한 채, 老爐에 닿으니
전향서처럼 흰 연기가 올올이 난발이다

벗섬이나 나는 전토는 신작로가 되고요
말마디나 하는 친구는 감옥소로 가고요

담배대나 떠는 노인은 공동묘지 가고요
인물이나 좋은 계집은 은 유곽으로 가고요
—현진건의 「고향」

세속도시에의 권유씨

눈이 오네요
눈이 오니까요
눈이 많이 오는군요
눈 오는데 잘 계시나요
눈 오는데 한번 만날까요 로 시작된
세속도시에의 권유氏
여기 내 진지한 거절을 들어 보아요

눈물이 날 뻔 했었죠
전화를 끊을 수 없었죠
恣살 없는 말,

그 말의 아름다움
말의 아픔
그런 말의 필요 없음
말의 죽음 위로 기꺼이 눈이 내려요, 첫눈이네요

하늘의 절벽에서나마 氏를 찌르고

인연을 마감하고자 하는
순백하고 순백하기 짝이 없고
거대하고 거대하기 짝이 없는 무덤이고자 해요

자전거타기의 즐거움

오른손 왼손 양다리의 균형을 잡고는
중심에 애를 키워낸 물동이를 얹어요
자전거 의자는 입도 귀도 필요 없어요
강변의 한 말씀엔 뼈가 없어 쉴새없이 두 무릎이 접혀요

속도포크로 바람을 찍어요
피를 속으로 흘리는 바람이 알맞게 맛있어요
새떼의 양날이 헤집는 들판은 무정일색,
먹이사슬로 연결된 저녁 무대에
움푹 베어 물린 살점을 붙잡고 우는 달,

저 달은 그러니 배우가 아녜요
굳이 이 순간이라고 뭐 특별할 것도 없지만
달과 지구의 살겨운 이륜을 어린왕자가 돌리면
돌아온 탕아처럼 잽싸게 따르는 일맥의 고양이와 나는 어린왕자의 뒷자석,
바람똥 쌕쌕 누는 애독자끼리의 만남에

강변은 금세 離散을 잣는 물레 책방이 됩니다

누군가 브래지어 뒤끈을 살포시 당기며 신호를 보내와요

초보는 쩔절 매며 방향을 돌립니다
어느새 미동 없는 결론에 빠진 현관의 빗장을 풀면
처음의 날로 되돌아갈 순 없는 생활의 품에서 혼곤합니다

이별은 쓰라림이야 강 건너 불빛

내 어릴적 흙은

속으로 잘 삐치던 내 어릴 적 흙은 배꼽마당에 부자로 살았습니다
주막집 초가를 담장이랄 것도 없이 끼고 제 배꼽을 공짜로 내주던 흙과
주막집 애늙은 딸애가 분명합니다
실오라기 없는 흙을 엉터리 궁둥이에 깔고 뒹굴고 부벼대면
집으로 가는 길은 이미자 노래 처녀귀신 주막집 이야기로 부풀려
나와 그녀는 창과 방패처럼 서로 필요한 병과 어둠을 얻었습니다

남자친구도 여자친구도 아니었을 때 내 어릴 적 흙은
주막집 뜰에 매달린 오디에 놀라 늘 젖은 이불이거나 악몽으로 버썩거렸습니다
다음날에도 그 다음날에도
지구의 자전을 따라 돌아온 원죄의 배꼽에서 나는

자주 결석쟁이였고
　물레방아 도는 내력과도 꼭 닮은 노래가 주막집 딸에게서 한동안 흘러나오곤 했었습니다

고희림/1960년 원주 출생, 숙명여대 정외과 졸업, 고려대학교 대학원 문학예술학과 재학, 1999년 『작가세계』로 등단, 시집 『평화의 속도』 출간, 2009년 대구문학상 수상.

| 권운지 편 |

고장난 시계

고장난 시계를 고치려고 시계점엘 들렀더니 잃어버린 시간들이 그 곳에 다 있었다. 그 집 주인은 낡은 내 시계를 열어보더니 건전지를 갈아 끼워야 한다고 했다. 내 시계의 건전지를 갈아 끼우는 동안 그 집의 뻐꾸기시계가 뻐꾹뻐꾹 크게 울었다. 어슴푸레 뻐꾸기 소리를 따라가다가 나는 그만 길을 잃고 만다. 뻐꾸기 소리의 길은 고장난 시계 속의 길, 그 길은 小路다. 나는 몸을 구부려 그 길로 들어섰다. 긴긴 회랑 끝에서 한 아이가 걸어 나왔다. 산밭으로 가는 길에는 우유빛 안개, 아직은 찔레순이 여리다. 찔레순을 잡는 아이의 손등에 투명한 이슬이 맺혔다. 주인은 웃으며 야쿠르트를 권한다. 야쿠르트의 빨대 속으로 찔레꽃 향기가 빨려 나왔다. 주인은 가느다란 핀셋으로 낡은 내 시계 속에서 찔레꽃 한 잎을 들어냈다. 내 시계의 건전지를 갈아 끼우는 동안 내가 만난 아이의 몸에는 찔레꽃이 피고 있었다. 꽃피는 시간 속으로, 시간을 맞추어 드릴까요? 건전지를 교환한 내 시계를 그 집 주인이 건네줄 때 뻐꾸기 소리 밖으로 문을 열고 나오지만 나는 다시 길을 잃는다.

낙화를 따라가다

한 남자가 강물에 투신하였다고 아침 뉴스가 전한다. 뉴스를 전하는 화면 속으로 벚꽃 눈부신 봄이 강물처럼 출렁이며 지나간다. 그 남자의 지난했을 생애가 간단명료하게 자막으로 처리되었다. 낙화보다 빠르게 지나갔다. 작은 파문도 일으키지 않았다. 벼랑까지 떠밀려와 꽃잎처럼 몸을 날린 그 남자를 생각하며 나는 지금 그 화면의 봄 속을 지나가는 것이다. 그 남자가 남겼을 절절한 유서 속으로, 환하게 꽃 핀 길은 분명 무엇인가를 숨기고 있다. 해독이 어려운 은유처럼 햇살 속에는 비밀스런 향기가 섞여있다. 어떤 향기는 잠결에 들은 고함소리 같다. 검은 껍질을 뚫고 나와 꽃들은 일제히 절벽에 매달려 있다. 미풍에도 꽃의 중심은 뜨겁고 소란하다. 여린 꽃잎에서 절벽을 들어 올리는 힘을 본다. 절벽 하나가 하르르 무너진다. 누군가 경적을 울렸다. 아찔한 어지러움에 나의 몸이 강물에 기울어졌다.

봄에 쓰는 시

제재소 앞을 지나올 때 죽은 나무가 뿜어내는 향기에 몸서리친다. 죽은 나무의 혈액이 아침에 넘기는 책장에 묻어있다. 나는 본다. 은폐된 봄의 이미지, 맹렬하게 돌아가는 전기톱과 완강하게 통나무를 밀어넣는 사내들의 말없는 노동, 줄지어 기다리는 야적장의 나무들을. 절단된 꿈의 비명이 톱밥처럼 흩어지는 봄날, 억압된 충동들이 켜켜이 잘리어져 우리들의 의도와는 상관없이 생소하게 변형되고 있는 것을. 사내들의 손에 들리어져 나와 가지런히 묶여지는 저 희고 향기로운 판자들은 무엇일까. 라디오에서는 종일 뇌사에 대한 논쟁이 격렬하다. 그러나 나는 그들이 죽었다고는 생각하지 않는다. 한 죽음이 오랜 세기 동안에도 종료될 수 없음을 본다. 이 봄날.

私信

내실의 쥐똥나무가 수상하다. 확증의 단서를 잡지 못한 채, 오늘 비로소 우수를 보내고, 절제된 가지의 긴긴 침묵 위로 더디게 다가오는 적소의 봄, 겹겹으로 에워싼 감시망을 뚫고, 무엇이 화분의 쥐똥나무를 설레게 하였는지 오늘밤, 내가 지켜보고자 한다. 밤이 깊을수록 유혹의 손길은 끊임없고 홀로 버티는 파수꾼의 밤은 곤혹스럽다. 못 미더워, 완강한 철제대문의 문고리를, 거실의 이중창들을, 방으로 통하는 출구의 자물쇠를, 열두 번씩이나 부정해 보는 오늘밤도, 첫닭의 울음소리는 목전에 당도하고, 이 완벽한 차단의 담벼락을 뚫고 들어와 두드러진 잎눈마다 봉인의 밀서를 걸어 두고, 무엇이 이 방을 다녀간 것인가를 나는 아직 알지 못한다.

은하

오래 전에 울며 떠난 당신
내 오랜 응시의 깊고 깊은 하늘에
별이 되어 있더군요.
일억 광년 떨어진 이곳에서도
당신의 소용돌이가 보여요.
당신 몸에 천 개의 분화구가 있다는 것도 알지요.
밤마다 당신이 소리도 없이 폭발할 때
그 전율 같은 섬광이 하늘 가득 번져
눈부신 은하가 되었습니다.

오늘 밤 그 푸르고 푸른 강에 내 생이 닿을 것입니다.

권운지/1951년 문경 출생, 영남대학교 교육대학원 졸업, 1982년 『현대시학』으로 등단, 시집 『소작인의 가을』, 『빈집의 나날』, 4인시집 『쥐똥나무가 수상하다』 출간.

| 김기연 편 |

수요일 아침에는 완두콩이 된다

출근길 지하철 안은 불룩하다
낯선 머리 닿아서 아몰아몰 따뜻해진 왼쪽 어깨
널리향 샴푸 귓볼을 간지른다
덜컹 2분에 한번씩 파도칠 때도 곁 잠은 깊다
지난 밤 데이트인가?
어깨가 하는 상상은 자주 저리다
물물이 오가는 바람
컴컴한 땅 속임을 환기시킬 뿐
따닥따닥 겹쳐진 온기
스멀스멀 더듬이 손을 내민다
밀착된 몸끼리 주고받는 유랑의 언어
어깨 비스듬히 내려갔지만 널리향 좀체 내려가지 않는다

땅 아래 완두콩 달린다 수요일 아침,

나를 관람하다

시안갤러리 뒤뜰 대숲 아래
댕강 머리 없는 맨 몸의 석상들
나란히 앉아 고민 중이다

볼록한 아랫배 가운데로 모은 두 발
발가락이 일곱이다
세운 무릎에 왼손 올려두고
늘어뜨린 오른팔
종아리 근처에서 스리슬쩍 손을 버렸다
B컵 왼쪽 가슴 탱글탱글한데
흉터조차 남지 않은 오른쪽 가슴은?

아, 저들은 지금
가슴으로 생각한다
똥배로 생각한다
왼손으로 생각한다
일곱 발가락으로 생각한다

버젓이 머리 버리고 생각 깊다
詩!

소리에 젖다

오지게도 내린다

삼월 한밤 내내
두터운 침묵 두드리는
푸른 빗소리
안으로 동여맨 섶 풀어내어
차박차박 적시고 있다
부풀리고 있다

꿈 속까지 따라와
하염없이 수런대는 댓잎 같은
그대처럼

지금 지상은
제 소리에 겨워 우는
타악기이다

산이 色 풀고 있다

살 간지르는 바람에
미니스커트 살짝 들춘
산이 色 풀고 있다

온몸 구석구석
연초록 게워내어
밑그림 그린다

눈길 잦은 부위
연분홍 방점 딱, 찍고
그만 자지러진
저 여자

가을 포도밭

이젠, 다 주었구나

황갈색 늑골
듬 · 성 · 듬 · 성
남은 늦포도

아름다운 주검으로 매달렸구나

핏빛 그리움 캄캄히 저무는구나

김기연/1964년 경북 의성 출생, 계명대학교 대학원 문예창작학과 수료, 1993년 『한국시』 작품상으로 등단, 시집 『노을은 그리움으로 핀다』, 『소리에 젖다』 출간.

| 김현옥 편 |

연인

네 가슴의 서늘한 건반 위에서
재즈의 손가락으로 불꽃처럼
춤추고 싶어, 즉흥적으로

애초에 너는
그리움과 기다림으로
단련된 손가락들의 연인

너의 단아한 흑과 백의 삶을
재즈의 춤추는 손가락으로 어루만져
연주하고 싶어, 총천연색의 음악

모든 인연들은 구름이었으므로

모든 인연들은 구름이었으므로
나 이제, 구름의 신기루 같은 얼굴을
구름의 느린 춤을, 황망한 사라짐을
허허허허!롭게 텅 빈 하늘의 마음으로 지켜보네

문을열면아무것도없고또문을열어보면아무것도없는 이승의집들(알면서도열어보고혹시나열어보고어쩔수 없어열어보고!)

어떤 인연의 집에 구름의 얼굴 걸어 둘 것인가
어떤 구름의 표정에 내 마음 걸어 둘 것인가

석양에 몸 비트는 구름에 걸려 아흐, 더는 갈 데 없는 부르튼 길, 등불 켜진 집 꿈꿔 보다 사라진 구름 자리에서 어두워져가는 마음, 덧없다!덧없다!는 가슴 단추 몇 개 풀어헤치면 저 길 없는 마음에 별 몇 포기 심겨지려나

모든 인연들은 구름이었으므로, 나 이제
구름의 맹세에도 구름의 집에도 연연하지 않네
구름의 사랑 구름의 슬픔 구름의 노래
하늘 다 가리는 구름의 마술에도 홀리지 않고
별이 가르쳐준 하늘의 마음길 찾아 떠나려네

니르바나 카페

일생 영혼의 집을 찾아
머나먼 길 헤매다닌 그대여
그대 삶에 폭설이 내려
어디로 가야 할지 알지 못할 때
나를 기억해 줘, 니르바나 카페
꿈의 문 열고 그대 들어서면
카페 가득 넘쳐 흐르는 사랑의 음악
지친 삶 따스하게 반겨줄 벽난로
길 잃은 그대를 위로해 줄 미소가 있는
니르바나 카페, 아주 잠시라도
삶의 모든 짐 내려놓고
침묵과 마주앉아
그대 영혼을 만날 수 있는 곳
길 위의 아름다운 그대여
나를 기억해 줘, 니르바나 카페

핑크 플로이드를 산책하다

(내가 막무가내 고독한 벽이었을 때
어느 날 나를 여는 주문이었던
핑크 플로이드의 노래들)

1. Hey You
나를 부르는 당신 목소리에
내 속에 숨어 잠든 사랑
화들짝 수천의 꽃잎 열자마자
한순간 바람에 화르르 지고 말아

2. Is There Anybody Out There?
내 고독의 문밖에
거기, 누구?

3. Nobody Home
그러나 내 고독의 집은
얼음의 도가니
너무 춥거나 너무 뜨거워
아무도 초대할 수 없네

4. Vera

고독의 벽을 타고 오르는
그리움의 덩굴손, 그러나
당신, 아무 데도 없는, 그러나
당신, 언제나 나를 부르는

5. Bring The Boys Back Home

당신 목소리 따라
집 나간 마음,
어느 거리의 가로등으로 서서
당신의 귀가를 기다리고 있는가

6. Comfortably Numb

고독의 태반에 태아처럼 웅크리고
나, 어떤 꿈으로 연명했나
혹은 죽은 체하며, 어떤 平和水로
내 몸을 닦았던가

7. The Show Must Go On
삶은 쇼처럼 계속되고
쇼를 뭉갤 힘도 없는 거리의 엑스트라들
왜 쇼보다 더 우스꽝스러운 삶이
나의, 당신의, 밥줄이어야 하는가

8. In The Flesh
그래도 나, 아직도 살아 있어
노래가 내 속을 빛살처럼 헤엄쳐 다니는가
내가 노래 속으로 꽃잎처럼 나부끼는가

9. Run Like Hell
미친 듯 달려가면, 나의 노래,
당신 가슴 속 별에 가 닿을까?

10. Waiting For The Worms
그 고요하고 따스한 별에서
그레고르 잠자**나 되어 볼까,

한 천년쯤?

11. Stop
천년 동안의 고독에 절여지면
피고 지는 윤회가 그치려나

12. The Trial
노래의 풀씨가 날아들면
내 속의 정원에도
노래의 풀꽃들 만발할까?
한번 진 사랑도
다시 필까?

13. Outside The Wall
나를 노크하는
노래의 섬세한 손을 잡고
벽 밖으로 산책 나가
그때 나는 어떤 당신의 하늘을 만났더라?

(벽이 길이 되어
달빛으로 흘러내리는 노래!)

*번호가 붙여진 소제목은 핑크 플로이드의 CD에 들어 있는 노래를 차례로 배열한 것임.
**카프카의 『변신』에 나오는 주인공

길, 그리고 집

길 속에 집이 있었네
나,라는 집
당신,이라는 집
세상,이라는 집

나,라는집에서두문불출하며곰팡이로피어있었거나
당신,이라는집앞을라일락향기처럼서성이던시절도있
었네이제세상,이라는집앞에서초인종을누르네

(길이,
무허가건물같은집들을들락거리며
일생의스토리를각색했네)

집을 떠나 길은 집으로 가네
태초의 자궁에서 풀어져 나올 때부터
길은 집으로 가고 있었네
몇 억겁의 윤회, 업처럼 들쳐업고
몸어둠에서 마음빛으로, 길의 어머니

그 피안의 환한 집으로 가고 가네, 길은

김현옥/1963년 경북 영덕 출생, 경북대학교 인문대학 영어영문과, 동 대학원 졸업, 1994년《영남일보》신춘문예, 1997년《매일신문》신춘문예로 등단. 시집『언더그라운드』,『니르바나 카페』출간, 〈시 · 열림〉동인.

전갈

봉투를 열자 전갈이 기어나왔다
나는 전갈에 물렸다
소식에 물렸다
전갈이라는 소식에 물렸다

그로부터 나는 아무도 모르게 혼자 빙그레 웃곤 하였다
축축한 그늘 속 아기버섯도 웃었다 곰팡이들도 따라 웃었다
근사하고 잘생긴 한 소식에 물려 내 몸이 붓고 열에 들떠 끙끙 앓고 있으니

아무튼, 당신이 내게 등이 푸른 지독한 전갈을 보냈으니
그 봉투를 그득 채울 답을 가져오라 했음을 알겠다
긴 여름을 다 허비해서라도
사루비아 씨앗을 담아오라 했음을 알겠다

상사화

살 밖의 뼈가 어둡다고

달팽이는 저녁이슬 하나씩 깨물어 먹는다

살 밖의 뼈가 어둡다고

숲은 간이 싱싱한 어린 참나무를 찾고 있다

꽃대궁은 이미 뜨겁다

잎은 혼례에 늦는 신부를 데려오느라 아직 피지 않고 있다

살 밖의 뼈가 어둡다고

멀리 동구 밖 홰나무는 말울음 소리를 낸다

혀

회전목마 붉은 말떼를 몰고 달려가는, 맨홀뚜껑보다 넓은 회전판을 당신 혓바닥이라고 하겠습니다

편자도 없는 발굽으로 허공을 긁으며 달아나는 말, 말을 쫓아 달려가는 이 혓바닥은 별들이 태어나는 우주의 은하원반과는 달라서

구유 같은 내 입 속에서는 아직 어떤 별도 태어난 적이 없습니다

당신은 소용돌이치는 은하, 갈기털을 뻗쳐 혓바닥안장 위로 가볍게 나를 안아 올립니다

이곳은 복숭아밭이 있던 자리

桃園에서 中原까지 우리 주마간산 주유사방 말 달려도 좋겠습니다

덮개 아래 허구렁처럼 나는 혀 아래 블랙홀을 숨겼습니다

바람으로 재갈 물린 목마처럼 나는 소리 없이 울 수 있습니다

밤의 공원에는 밤 없이 기다리는 열두 마리의, 아니

열 마리의 적토마
　한 말은 도망갔고 한 말은 아직 오지 않았습니다

눈

눈이 온다
와서
먹어치운다

가등 아래 남자를 먹어치운다
벤치뿐인 벤치를, 거기 붙은 빈자리를 먹어치운다
공터의 이글루 같은 자동차들을 먹어치운다

먹어치운다
엘리뇨와 라니냐의 소란한 탁자를 먹어치운다
던컨도너츠 가게 커피 한 잔을 순식간에 먹어치운다
담벼락과 포장마차의 낡은 연애를
돌아와 쓰러져 눕는 반 토막 그림자를 먹어치운다

전화선 너머 국경 너머
둥지 밖 새들의 잔고를 먹어치운다
발 묶인 봄, 세상으로 가는 이정목을 먹어 치운다
저의 근원 북풍의 침대까지 남기지 않고 먹어치운다

다 먹어 텅 빈 눈의 식탁, 눈의 위장
소화불량
폭설이 온다

위조화폐

지루한 휴전의 나날,
즐겨 입는 체크무늬 셔츠의 창살 안에서
나는 오늘 적들의 화폐 만들기에 열중입니다

내가 만든 이것으로 나는
다섯 개 강을 건너 사흘 동안 걸어가면 나온다는
적의 옛 마을이 숨은 지도를 살지도 모릅니다
벚나무 가지에 걸어둔 춤추는 노숙자소녀의 분홍전화기를 살지도 모르고
두툼한 샌드위치와 커피가 있는 휴일의 식욕과 다시 바꿀지도 모릅니다

이것이 오늘 사랑법
위조만을 위로 삼는 위험한 선택입니다

쇠비린내가 묻어나는 천진한 내 손은 나의 전리품입니다
식민지인 이 손 안에서

팔락이며
짤랑이며
몸을 섞는
악화와 양화들
보실래요?
곧 패총처럼 수북해지겠군요

동전처럼 뻣뻣하고
지전처럼 후줄근한
썩지 않는 그 나라가 코 앞입니다
어리둥절 차가운 당신 웃음쯤 문제가 아닙니다

류인서/1960년 경북 영천 출생, 부산대학교 대학원 국어국문학과 수료, 2001년 『시와 시학』으로 등단, 시집 『그는 늘 왼쪽에 앉는다』, 『여우』 출간. 2009년 육사시문학상 젊은시인상, 2010년 청마문학상 신인상 수상.

| 박미영 편 |

불순한 절멸

죽은 말들을 나는 왜 밟고 내려가는가, 맨발바닥 닿는 말들의 잔털과 희번득 내 몸에서 문장을 읽는 눈알은 왜 이다지 부드러운가, 불온한 臨檢처럼 내 오랜 잠을 열어젖히는 밤, 거칠게 숨을 내뱉으며 당신과, 곧 다가올 계절과 그리고 온갖 악다구니를 나는 왜 말의 얼굴에서 읽어내는가, 가련한 이력의 새벽은 왜 끝없이 반복되는가, 발 밑에 드러누운 말들은 일찍이 내 군집당해 있던 그 기억의 흔적인가, 말더듬이 혀 근육을 절개하던 차가운 가위, 배냇말 옹알거렸을 양수, 따뜻한 탯줄을 싹둑 자르던 그것, 아니 단지 한 점 씨앗으로 콩닥거렸을 한 알 심박동, 그것, 그것들, 흰 건반 밟듯 사뿐사뿐 눈 뜨고 죽은 말들의 층계를 나는 언제까지 내려가야 하는가, 선어처럼 살아 푸드득 히히히 힝거렸을 말들아, 너는 왜 이 죽음의 진경을 펼쳐 놓는가.

너는 도대체 밑바닥에 있는 무엇을 본 거니

누군가 저 밑바닥에서 나 때문에 울고 있는 것 같아 어두운 계단 아래 누가 웅크리고 앉아 내가 벗어 던진 것들 움켜쥐고 누가 울고 있는 것 같아 썩어서 흙이 된 엉겅퀴 가시나물, 그 꽃봉오리 앉아 울고 있는 죽은 소녀, 나 때문에 울고 있는 것 같아 조롱당한 슬픔의 벌레구멍 그 자리 그대로 말라붙은 울음, 가시꽃을 누가 내 몸 속에 집어넣은 것 같아

누구니, 누구야. 그 밑바닥에서 나 때문에 울고 있는 너는,
내가 벗어 던진 것들 움켜쥐고 있는,

엉덩이

삶에 더럽게 머릴 처박고 있을 때도 사실 나는 엉덩이가 부끄러웠다. 내 삶에 엉덩이가 있다니, 머리만 있는 줄 알은 내 삶에, 언제 엉덩이가 달라붙었지? 그걸 인정할 수 없었던 나는 거짓말을 짓기 시작했다. 엉덩인 내 삶의 아주 사소한 일부, 없어도 되는 맹장 같은 것, 처박은 머릴 절래절래 흔들며 끝없이, 부인했다. 저건 내 게 아닌데요, 어느 날 갑자기 내 손등에 올라앉은 물사마귀처럼, 나무전봇대에 붙은 목버섯처럼, 더러운, 먹을 수 없는, 그런 거. 하지만 삶에 머릴 처박아, 거짓말하는 나를 비웃듯, 곰팡이꽃처럼 엉덩이 빙긋 나를 향해 웃었다. 해바라기마냥 환하게 웃어도, 나는 애써 외면했다. 흥, 내 삶에 엉덩이라니! 엉덩인 내 몸에 없어, 없어요, 그러면서 나는 아침이면 밥그릇에 코를 박고 숨가쁜 숟가락질에 바빴다. 숟가락 뒷면에 비친 동그란 엉덩일 슬쩍 곁눈질하면서,

삶에 더럽게 머릴 처박고 돌아오는 그 밤길은 힘들었다. 회식 날 술자리에서, 전봇대 밑 토해놓은 토사물

에도, 그렁그렁 맺히는 눈가 눈물방울에도, 엉덩이는 제 모습을 비춰가며 계속 내 등을 두드려 주었다. 그래도, 그럼에도 불구하고, 내 삶에 엉덩이라니? 엉덩이는 내 삶에 한 번도 들여놓은 적이 없어! 웩웩 외쳤다. 웩, 웩, 두 팔로 벽을 짚으며 외쳤다, 밥알이 튀었다. 내 머리에 달린 구멍에서 튀어져 나와 볼에, 웩, 웩, 창자가 떨어져 나갈듯, 그렁그렁 떨어지는 눈물처럼 밥알 내 볼을 타고 흘러내렸다, 그 밥알 손가락 끝에 들고, 나는 서럽게 울었다. 밥아, 나는 너의 기생충, 아니, 너는 나의 숙주, 엉덩이야, 네가 내 삶이니? 그날 밤 나는 어디 가서 더럽게 코 처박고 죽고 싶었다. 차가운 빗줄기가 내 엉덩일 쳤다. 머리로, 얼굴로, 코로 온갖 것들이 나를 밑으로, 밑으로 처박아댔다.

비열한 거리

낡은 배낭 같은 말이 지나간다 늙었다 그 말의 눈매가 스치자

진실은 흰 천을 걷어낸 미이라 같은 건지도 모르겠습니다 끔찍해서 모두 고개를 돌리고 말,

대화가 더러워졌다 우리는 그 날 진실했을까 사실만 말했던 걸까 오래된 말가죽 냄새가 난다

그들은 아무런 희망도 남지 않은 패잔병이 되어 돌아왔습니다 이 거리조차 탈출할 수 없겠지만 결코 항복하지 않을 절망에 빠진 군대로 말입니다

늙은 말이 거리의 단단한 바닥을 후벼팔 듯 턱을 부빈다 김 오르는 여물처럼 피어오르는 먼지, 말이 운다 개가 짖는다 온 거리의 개가 다 짖는다 채찍이 허공에서 멈춘다

어둠이 내려도 지독한 치욕은 그들을 비탄의 구덩이에 구겨 넣고 밟아 댈 것입니다

입 안에서 으적으적 씹히는 모래, 이렇게 죽는구나 온 몸에 치욕을 밀어넣고 삼키며, 숨도 못쉬며 죽어가는구나 **죽어가는 늙은 말의 긴 속눈썹 젖은 물기**

거리는 단 한 점 미동도 없어, 다만 주점의 네온이 반짝 켜진다

지하도

저 사람 좀 보아! 목단꽃무늬 낡은 요 머리끝까지 푹 뒤집어 쓴, 콘크리트바닥 납작 뭉개진 껌처럼 저 사람, 배고픈 누우처럼 웅크리고 있군, 슬픈 눈 까만 춥고 배고픈 누이, 햇살 너무 따가워 발로 짓이긴 붉은 물 죽죽 흐르던 목단꽃 이파리, 어느 해 떠온 원피스감 무늬 같은, 그 속에 출렁대던 커다란 젖 같은, 부끄러워 고개 돌리며 흘깃거린 미친 년 벗은 몸, 그 여자 여문 배추처럼, 약 먹고 발랑 뒤집어진 벌레처럼 짓이겨져 붉은 목단꽃 덮고 누운 저 사람, 좀 보아! 아, 좀 보라니까!

박미영/1963년 대구 출생, 1995년 『시와 반시』로 등단, 시집 『비열한 거리』 출간.

관계

논병아리 해종일 끌고 다니다 아무렇게나 벗어던진
젖은 신발
몇 개 검불 털어내며 달이 내려 와 맞춰 신는다
늪은 달의 가장 잘 맞는 신발
비로소 편안해지는 세상의 중심

둥글고 붉다

적소

후박나무 아래 잠들면 이곳은 섬이 아니다
스스로 만든 적소 한 칸
차라리 갇히고 싶은 꿈 속이다
파도 세워 길을 감춘
세상 모든 길이 끊어진 곳
누구를 향해 손 내밀지 못하는
둥근 돌 속이다

섬이 이름만 남은 헛묘*를 지키는 것처럼
사랑이 물거품 계단을 쌓아 올렸나
끝까지 올라간 사람들은
돌아오지 않고
내가 잠든 것은 아득한 옛일이다
꿈은 눈이 없는 우리 뒷거울

* 남해에 있는 櫓島는 서포 김만중이 어머니를 위해 「구운몽」을 쓴 유배지다. 그는 이곳에 묻혔다가 후에 고향으로 이장되고 지금은 헛묘만 남아 있다.

현호색 무리들이 햇빛을 등지고 있는
지난날 같은 것

〈겹〉을 풀다

붉다는 것만으로 치명적일 때가 있다
술 취해 돌아오는 밤이면
마음을 무장하지 않고는 볼 수 없다는
능수벚꽃
휘휘, 늘어진 꽃가지가 살을 감쳐
아득히 길을 잃는다고
병을 얻는다고 그가 말했을 때
그 꽃그늘 아래
나도 따라 한 며칠 앓아눕고 싶었다

한 겹만 풀면 아무 것도 아닌
마음이 만들어 낸 병은 깊고 무거운데
꽃들은 얼마나 가벼운지
화르르, 쏟아져 내린 꽃잎이
진창 만창 놀다 간 자리
포개지고 겹쳐진 그 잠깐 사이
어떤 인연이나 눈물겨운데
아직도 모르고 있다
저 꽃들, 왜 왔다가 서둘러 가는지

어둠은 너무 맑아서

밤 열시가 넘어서야 겨우 풀려 난
고등학생 아이들이 버스를 기다리고 있다
하루 종일 구부리고 있던 몸 털고 나오면
밤은 또 얼마나 낯설까
바람에 시달리던 나뭇잎이 뭔 일이라도
낼 것처럼 몸부림치다 손끝 하나 까딱할 힘이
없다는 듯 그저 잠잠하다
저 먼 곳에서 무엇이 오나, 모두 한 방향으로
바라보는 눈빛 차라리 흙탕물이었으면,
살아 움직이는 것들 너무 맑아서
보지 말았으면 하는 것까지 다 보여주는 밤

해미읍성

해미에 가면 나는 고요한 햇살이 된다
아직 간직하고 있는 성 둘레와
동헌 아래 잠든 늙은 개의 한적함이
거친 해일 짐작 못한
그때와 같다
해미읍 집들은 지붕을 낮추고
제 스스로 부끄러워 자라지 못하는
나무 한 그루
돌 속에 스민 그리운 넋들 깨운다
밟혀도 일어나는 잡풀처럼
내 안에 문 열면 그들이 살아있고
칼도 없이 세상을 그으려했던
그들이 말씀 우러러 듣던 곳
얕은 성벽으로 무엇을 지키려 했는지
늙은 개 코 앞까지 몰아치던 바람은
그때 시간 속에 잠들어 있다
내 어깨에 흩어진 검붉은 잎을 모아
햇살은 서해로 가고

발끝 세우고 빠져 나오는
성 둘레가 나를 휘감고 놓지 않는다

박소유/1961년 서울 출생, 대구가톨릭대학교 국어국문학과 대학원 졸업, 1988년 《부산일보》신춘문예 당선, 1990년 『현대시학』으로 등단, 시집 『사랑 모르는 사람처럼』 출간.

이화에 월백하고

녀자도 그렇지만 꽃도 너무 기상이 높고 절개가 서슬 푸르면 선뜻, 꺾을 수 없는 게라 그래선지 매화주나 국화주는 그 만고의 정절 때문인지 암만 마셔도 취하지 않는 것이 당최 여흥이 무르익지 않는 게라 대저, 역사란 밤에 이루어진다 했느니 그런 맹송맹송한 남녀유별 하는 밤이라면 천하절색의 양귀빈들 뭘 이루고 말고겠어? 하지만 말이지 심산유곡 인적 없는 골짝에서 소쩍새 걸쭉한 육두 가락으로 산딸기 온몸으로 익었다면?

아흐
그 복분자술 한 잔에
포산 곽씨 열녀 가문
종갓집 맏며느리의 이 도도한 취흥을
봄밤,
네까짓 게 감히 알기는 알겠니뇨?

나의 포르노그라피
—등급보류

썩은 사과가 맛있는 것은
이미 벌레가
그 몸에 길을 내었기 때문이다
뼈도 마디도 없는 그것이
그 몸을 더듬고, 부딪고, 미끌리며
길을 낼 동안
사과는 이미 수천 번의 자지러지는
절정을 거쳤던 거다
그렇게
처얼철 넘치는 당도를 주체하지 못해
저렇듯 덜큰한 단내를 풍기는 거다

봐라
한 남자가 오랫동안 공들여 길들여 온 여자의
저 후끈하고
물큰한 검은 음부를

천일야화

아리아나호텔 뒷골목에는
밤만 되면
형형색색으로 아름다운 꽃이 핍니다
이화장, 목련장, 동백장……
사철 시들 일도 없고
봄여름 구별 없이 여기서는
일년 내내 풍문처럼 만발한 꽃이 핍니다
어느 날 길을 가다
잘못 들어선 골목 끝에서 스친
그 꽃들 생각에
지금 나는 잠 못 들고 있습니다
다시 가 보고 싶고
그 휘황한 헛꽃에 속아보고 싶은……
그런 허공의 꽃들은
다들, 어둠 속에서
향기보다 지독한 불빛을 풍기나 봅니다
그래선지 밤만 되면
내 몸은 어디론가 불려가고 싶고

이화장, 목련장, 동백장……
그 흐드러진 불빛 따라
나방처럼 퍼드득 날아들고 싶어집니다

놈들

자칭 동물 애호가들이
도둑고양이란 이름 대신
길고양이로 개명하자 주장하지만
나는 글쎄올씨요다
사랑에 울고 돈에 속는 이 머리 쥐나는 세상에
도둑고양이 아닌 다른 이름은
누가 뭐래도 김빠진 맥주요, 절정에서 바람 빠진 그 무엇이다
헤어날 길 없는 도벽처럼
외로움도 습관성이라는 걸 아는지
어쩌다 한 번씩 등은 허락해도 한사코 정은 주지 않는다
어쩌면, 놈들이야말로 쫓아가면 도망가고 돌아서면 따라오는
사랑의 속성에 대해 알아도 제대로 아는 족속인지 모른다

오늘 따라 놈들

봄비 찔끔 거리는 담장 위,

쥐 잡아 먹은 듯 시뻘건 장미넝쿨 속에 오도카니 앉아 있다

시퍼런 가시 같은 발톱 숨기고

살기 등등 아름답게 나를 노려보고 있다

아뿔사! 내 안의 이 비대한 그리움 용케 냄새 맡았구나

더 이상 오도 가도 못한 채 허둥대는 내 막다른 사랑을

쥐뿔, 눈치 채고 있었구나

별이 빛나는 밤에

끝끝내 죽지 않는
영화 속 주인공들은 가슴에 박힌 칼날을 움켜잡고 쓰러진다
이미 살을 찢고 들어 온 칼날은
제 몸의 일부여서
섣불리 뽑다간 도리어 치명적이기 때문이다

그 불멸의 주역을
수 천 광년 어둠이 반복 했는지
물뱀자리, 게자리, 전갈자리……
산산이 흩어진 별들이 파편처럼
온몸 구석구석 아프게 박혀있는 밤하늘

말하자면

저 깊은 밤
깊은 곳의 별자리는
슬픔이 압정 같이 촘촘 박혀있는 내 이야기다

아무도 손댈 수 없는
딱지처럼 덕지덕지 눌러붙은 내 상처이다

다시 말해

별이 빛나듯
그대 내 가슴에 시퍼런 대못으로 쾅,쾅,쾅 박혀 있는

박이화/1960년 경북 의성 출생, 1998년 『현대시학』으로 등단, 시집 『그리운 연어』 출간.

| 박정남 편 |

달

뼈 하나 없는 벌레들이 과일의 살을 뚫고 들어와 누워 있다
억센 이빨 하나 없는 입술이 오물오물 껍질을 찢어
구멍을 내어 온 몸을 들이밀어 들어와 살고 있다
나뭇잎에 구멍을 뚫는 벌레 한 마리의 힘으로
저 달도 쉽게 구멍이 뚫릴 것이다
뚫린 구멍을 가진 몸들이 가벼워져 둥둥 하늘로 떠오른다
자신을 파먹는 벌레를 밀치지 않고 받아들인
잔뜩 발기되어 있는 달의 질이 붉다
무기도 하나 없이 파 들어가는 벌레들의 힘을 보아라
무기도 하나 없는 그 힘없는 벌레들을 받아들여
넉넉히 먹여 살려 온 밤하늘의 넉넉한 달빛을 보아라

나팔꽃과 어둠

나팔꽃은 새벽 두 시에서 네 시 반 사이에 핀다 나팔꽃이 피는 데는 얼마간의 어둠이 필요하다 이제 나팔꽃은 하나같이 아침 일찍 일어나라고 나팔 불지도 않는다 그때 스무 살의 나에게 쓸데없이 연애하냐고 물어오지도 않는다 하지만 나팔꽃은 아침 일찍 피어 내 어린 날처럼 따라다녔으면 좋겠다 동네방네 무슨 좋은 일이라도 있으면 크게 나팔 불어 소문을 내 주었으면 좋겠다 나팔꽃은 햇빛과는 상관없이 어둠 속에서 핀 꽃이다 어둠 속에서 네가 본 것이 무어니? 너의 어둠은 무엇이었니? 더욱 또록또록해진 눈을 뜬 아침의 나팔꽃에게 이제는 내가 나직이 물을 차례다

박하사탕은 화하다가

박하는 化하다
박하과자는 化하는 흰색이다
박하과자는 마름모꼴이지만 형체가 없다
박하과자는 혓바닥 위에서 화하다가 달아났다
박하과자는 임종을 앞둔 사람들이
혓바닥 위에 올려놓고 눈사람을 만들 듯
눈을 굴리듯

어느 한 눈물 많은 상주가
박하과자 한 봉지를 사서
제상 위에 올려놓으니
제상 한 구석이
눈물방울처럼 환해졌다가
녹아내렸다

박하 잎사귀를 따서
잠이 오는 눈두덩에 대고 비벼
잠을 쫓아버렸듯이

깜박깜박 조는 영혼에게도
박하사탕을 녹여 먹여
자꾸만 달아나는 영혼을
잡아둘 수는 없는 것이었을까

박하 잎사귀를 따서
책상 위에 얹어두고
책을 읽었다

박하성분은 눈두덩 위에서 떨고
책장의 행간 위에서 떨고
마당의 눈은 반짝거리며 녹고
박하사탕은 반짝거리지도 않으면서
化, 化, 하다가
혓바닥 위에서 증발하고

女子

깊은 항아리 가진 여자 하나 속으로
사나이들이 빠져 들어가고
깊은 항아리 가진 여자가 매일 밤 운다

여자는 젖어 사나이들을 한 팔에 안고
사나이들은 동해안처럼
줄을 서서 기다린다

달이 뜨지 않는다
여자가 가진 깊고 큰 항아리에
공허가 차고
밤마다
여자의 술이 익어간다

봉선화 물들이기

하얀 백반과 소금을 넣어
실로 챙챙 매면
지난 밤 폭풍우에 유난히 붉게 피며
떨어진 봉선화가 내 죽어도
썩지 않을 손톱 속에
오롯이 들어앉는다.
비의 끝에 쪼그리고 앉은 사람이
비바람 쳐서 낭자하게 다툰 역사의 마음을 읽는
손가락 끝의 혼례식이 아프다

박정남/1951년 경북 구미 출생, 경북대학교 국어교육과, 대구대학교 대학원 국문과 졸업, 1975년 『현대시학』으로 등단, 시집 『숯검정이 女子』, 『길은 붉고 따뜻하다』, 『이팝나무 길을 가다』, 『명자』 출간, 대구시인협회상, 금복문화상, 상화시문학상 수상.

| 박지영 편 |

폭설

공기가 빵 덩어리 같이 부풀어 오른 12월
잣나무가 줄지어 있는 산등성이를 돌다
하얀 말을 보았다 산 아래로 말은
흰 갈기 휘날리며 마구 내달리고 있었다
말 잔등은 거대한 돌을 깎아낸 듯했고
눈 덮인 잣나무 가지는 꼬랑지 같았다
은빛으로 빛나는 말들의 행렬
내가 앞서가는 말을 알아보았듯
그 말이 날 알아보고 다가와
타라는 듯 가만 등을 낮추었다
아직 때가 아니라고 난 고개를 저었다
말발굽 소리가 눈보라에 휩싸여 멀어지고
그 후 오래 말을 보지 못했다
그렇게 쏟아지던 눈발도 다시 볼 수 없었다
다시 말이 모습을 드러낸다면
말이 나를 알아보고 등을 내밀면
말 잔등에 넌지시 올라타고 마을로 내려가
발이 녹을 때까지 머물러도 좋겠다

그게 걱정이네

잠 많은 내가 졸고 있을 때
신랑이 왔다 가듯 지혜가 왔다 갔다
문고리를 흔들며 문 앞에서
날 불러도 난 몰랐다
철없어 호롱불 밝혀 두는 것도 몰랐다

이제 잠 없는 내가 지혜를 기다려
신부가 신랑 기다리듯
호롱불 심지 돋우고 기다려
눈 침침한 내가 못 알아볼까
그게 걱정이네만
눈 밝은 지혜가
눈 어두운 날 먼저 알아 볼 거다
아니다 눈 대신 귀 밝아져
바스락 소리도 알아챌 거다

저녁들

오늘이 가기도 전에 어두워져
출발한 적도 없는데 저녁은
늘 이렇게 목적지에 먼저 와 있어
기다리는 사람도 없는데
터덜터덜 신발 끌며 가
이쪽과 저쪽 경계를 허물고 있어

공연히 헛기침하지마
우물우물 말을 삼키지도 마
가만있어도 알아
전화선 타고 오는 목소리에
이미 그림자가 드리워져 있어
그림자가 점점 자라
이쪽 수화기마저 덮어버렸어
어디 아파하면
아니 하는 네 말에
나는 아파 너 때문에 아파
소리와 소리가 겹쳐져

숨어든 기억을 깨워내거든

네가 아무리 숨기려고 해도 괜찮다고 해도
문풍지같이 파르르 떨려오는 목소리
네 목소리에도 길게 그늘이 매달려 있어
알고 보니 모두 그늘을 주렁주렁 늘어뜨리고 있어
저녁의 그늘이 잘 발효된 빵처럼 부풀어오르고 있어

검은 맛

영혼이 깃든 맛이 있다면 그건 쓴맛일 거다
오래 전 엄마 젖꼭지에 묻었던 금계랍
겁나게 검은 맛

어른이 되는 건
쓴맛의 깊이를 알게 되는 것인데

깊이 잠자고 있던
덤불 속 새떼들 날아오르듯
뒤늦게 맛들인 쓴맛
어떤 맛으로도 바꿀 수 없는데

엄마는 쓴 나물을 맛있다 했었지
씁쓰레한 건 몸의 맛이고 탄생의 맛,
그걸 잊지 못해 나도 자꾸 쓴 나물에 손이 가는데

영혼이 깃든 검은 맛 본 순간
암 것도 모르고 그 때 이미

인생의 쓴맛 알아버렸는지 모르겠다

프란시스 베이컨의 여인

털 뽑아 놓은 고깃덩이
식탁 위에 늘어져 있다
둔부와 처진 젖가슴이 아니었다면
저건 한낱 비계덩이다
개가 뼈다귀의 유혹을 뿌리칠 수 없듯
욕망을 식탁 위에 올려놓고 그는
제 식욕을 시험하고 있다
저건 단지 비계덩이 일뿐이라고
포장 벗기면 다 그렇다고
자신에게 타일러도
입에는 자꾸 군침이 고여
늙은 개처럼 서성거린다

박지영/1956년 경북 의성 출생, 이화여대 불문과 졸업, 1992년 『심상』으로 등단, 시집 『서랍 속의 여자』, 『귀갑문 유리컵』, 사진시집 『눈빛』 출간.

돌은 못 밑에서 열린다

햇빛을 가르며 엉겅퀴꽃 그늘로
웬 아이가 못물 속에
돌을 던진다. 수면은 깨어지며
못 기슭에 피어 있는 엉겅퀴꽃쪽으로
잔 물결을 일으킨다.
돌은 수심을 꿰뚫고 못의 깊은
바닥에 가라앉는다.

못가에서 돌아온 다음 날
오후, X광선에 투사된 내 심장 사진
한 장이 병원의 뷰박스 위
알미늄 클립에 끼워져 있다.
아이가 던진 돌일까, 의사는
심장 깊이 박힌 결석 한 개를 지적하며
돌의 위험을 가파르게 말한다.
못가에 앉아서 나는 무심히
못물을 들여다보고 있었을 뿐이다.
그때, 웬 아이가 돌을 던졌고

그 출렁이는 소리로
시간의 하염없는 깊이 속으로
내 전체가 청명하게 가라앉는 것을
느꼈을 뿐이다. 그렇다면, 심장에 박힌
저 돌은 가장 무심한 순간의
열린 내 몸일까.

숨을 들이킬 때마다
돌은 내 속에서 또는 못의 밑바닥에서
나의 숨결만큼 떠오른다.
못물 속으로 돌이 전류처럼 녹여
퍼뜨리는 물의 미묘한 파장이
내 맥박 뛰는 소리 안으로
물감처럼 번진다. 물결은 파랗고
물결은 빨갛고 물결은 초록으로 환히
드러나며 엉겅퀴꽃쪽으로
끊임없이 헤엄쳐 오른다.

산,
나무, 구름, 아이, 엉겅퀴꽃,
보이지 않는 시간의 깊은 바닥까지
돌은 투명한 제 몸 안에
모두 빨아들이고. 그 다음 저문 못물 속엔
집으로 돌아가는 아이의 뒷모습만
비친다. 노을과 짙어가는 산 그림자와
꽃잎을 닫는 엉겅퀴의 호젓함도
돌과 수면과 나의 속으로
가만히 비쳐든다.

백합의 문

그 시간
그 문 잠겨 있었어
열리지 않았지

하는 수 없이 되돌아서다가
북받치듯 흐느껴 울고 말았어
강물은 맑고 조약돌은 또
너무 깨끗했지

먼 길 돌아
지금 다시 찾아와 보니
그 시간
그 문 활짝 열려 있네.

그러나 지금, 그곳에 들어갈
필요 있을까
강물은 맑고 조약돌은 여전히
깨끗하지만

물병에 담았던
내 백합꽃
모두 시들었는데

토마토 씨앗을 심은 후부터

물오리가 없으면
아가씨가 대신 물오리가 되라고
당신은 말했죠. 마을 장터에서
공기총으로 나를 겨냥하면
심장을 엎지르며
나는 죽는 시늉을 했어요.

해장국도 끓일 줄 모르고
쓸모없이 나뒹구는 돌처럼
한때는 심장의 빈 어둠으로 사는 것이
온통 지긋지긋했지요.
그러나 내가 당신 곁을 떠나면
누가 당신의 공기총을 반짝이도록
닦아줄까요. 당신이 코를 골며
잠자고 있는 동안에
나는 들로 나가 토마토를 심었답니다.
떠도는 우리들이라
토마토의 수확을 기다릴 수는 없지만

그러나 그렇기 때문에
당신이 빈 깡통 안에 무심히 떨군
토마토 씨앗 하나가
내 안에서 싹을 틔웠답니다.

토마토 씨앗을 심은 후부터
모든 것이 내 안에서 달라졌어요.
어쩌면 내가 토마토를 심은 그 다음부터
우린 마음속에 토마토밭을
안고 다니기 시작한지도 모르죠.
자, 그러니 이제 당신의 마음도
내게 말해 보세요.

섬

사타구니에 손톱자국이 나 있다.
하나, 둘,…… 여섯 개.
그 갇힌 섬에서 네 손이
내 몸을 끌어당겼지.
길은 흐르는 시간 속에만
있는 것이 아니다.
정지, 또는 점 하나가
곧 길이기도 할 그 때

갇힌 길도 아름답다.
손과 혀의 한없이 부드러운
감각을 따라 내가 물결치다 갇힌 곳.
날개 잘린 새처럼
안개가 양 길의 끝을 묶어버려
호동그란 산중턱 내 길의
섬 하나.

그 섬은 내 몸의 위쪽이었든가

아래쪽이었든가
밤나무숲이 언뜻 열어 보이는
낭떠러지 아래로
버스 한 대 굴러 떨어져 있지만
손톱으로 사타구니 찍어누르며
물총새처럼 치솟던

뇌수. 내 중심의 아득한
섬 하나, 또는
반짝이는 길.

공 구르기

공이 한 개 마루 위를 굴러간다.
굴러가는 공은 벽에 부딪쳐 튕겨나
이윽고 마루 끝에 멈추어 서고
또 한 개의 공이 마루 위로 굴러간다.
또 한 개의 공이 마루 위로 굴러간다. 또
한 개의 공이 마루 위로 굴러간다.

마루와 공과 벽은 서로를 모른다.
굴러가는 공은 벽에 부딪쳐 튕겨나며
까만색 주사위처럼 구르기를 정지한다.
벽은 안개, 벽은 낭떠러지, 벽은 지레 식어빠진
시간 혹은 눈물, 벽은 남빛 십자가
벽은 투명해서 모든 것이 다 들여다보인다
모든 것이, 보이지 않는다.
정지해 있는 공 곁으로
사람들의 숨죽인 발자국 소리가 몇 개
마루 위를 지나간다.

해는 중천에 높이 타오르고 공은
햇빛에 부풀어올라 긴장하고 있다.
마루장과 공 내부의 힘이 아슬아슬
만나는 것을 누군가 숨죽이며 느끼고 있다.
그렇다면 공은 이제부터
어디로 굴러가나.

백미혜/1953년 대구 출생. 대구가톨릭대학교 미술대학 회화과 동 대학원 졸업. 독일 뒤셀도르프 쿤스트 아카데미 수학. 1981년 『심상』으로 등단. 시집 『토마토 씨앗을 심은 후부터』, 『에로스의 반지』, 『별의 집』 출간. 대구시인협회상 수상.

| 서영처 편 |

멀고 먼 추억의 스와니

그리워라, 당신 흔적을 따라
알라배마 루이지애나를 거쳐 증기선을 타고 헤맨지 수년
어디에도 머물지 못하는 당신 몸 속, 시퍼런 물길을 지도에 표시해봅니다
흥얼거리는 한 자락 노래 같은 길
당신은 한 번도 길을 잃지 않았더군요
어떤 이는 공원의 벤치에서 마른 빵을 씹는 당신을 보았다 하고
어떤 이는 벤조를 울리며 걸어가는 당신을 보았다 하고
외로움에 먹혀 험상궂은 짐승이 되어 금광으로 흘러갔다 하고
나는 당신이 지나간 길에서 태양과 먹구름, 천둥 냄새를 맡아요
세월이 갈수록 당신 모습 희미해져
눈을 감아야 엽맥 같은 당신이 보이네요
켄터키 옛집엔 여름을 못 견뎌 칸나가 피고 있어요

뭉게구름 사이로, 그래요, 저렇게 키 큰 칸나는 처음이에요
저 붉고 깊은 음원을 단숨에 들이킨 당신, 피 속에 태양이 흐르고
머리 위론 폭포 같은 햇살이 쏟아져 내리고
태양이 최후의 악보라고, 당신, 또 내 귓전에 중얼거리고
그리워라 스와니,
나는 늙고 이제 당신의 장르는 슬픔이 깃들어 잠이 올 듯한 담회색
날마다 되불러보지만
고장난 테이프처럼 혀뿌리를 겉돌기만 하네요

후미진 굴헝*

여자의 키보다 깊었다
클레멘타인, 내 사랑 클레멘타인,
그는 취한 듯 휘청거린다
왕버들 뭉게구름처럼 잎사귀 피어올리는 굴헝
들릴 듯 말 듯 옛노래 들려온다
가을이 온다
깜박거리는 별들 거미줄에 걸려 파닥거리고
그는 굴헝으로 내려간다
사수자리 피해 물고기자리로 날아가는 백조
물에 젖는 달
달에 젖는 굴헝
밤기차가 비명을 지르며 마른 강을 달려간다
간질하듯 드러누워 흰 자갈을 토해내는 강,
부글거리던 저 강의 발작은
오래 전 가련한 여자를 삼켰던 가책
그렇지 그렇지
노래를 채운 구름이 환하게 떠가고
강 건너 캄캄한 클레멘타인의 집

'빛과 향의 길' 이었다고
풀벌레 소리 속에 깜박, 코를 곤다
그는 구름정거장에서 버스를 기다리는 남자
바지를 툭, 툭, 털고 일어나 코를 푼다
나뭇가지에 상의를 찢긴 채
비틀비틀 자갈길로 걸어나온다
클레멘타인, 우물이 깊은 클레멘타인,
낡은 곡조 속에 쳐박혀 또 하염없이 잊혀져간다

*미당의 시 「내 永遠은」에서

디, 디, 디제이 하는 염소들

꽃 진 언덕 구름 피어난다 말뚝에 매인 염소들, 날마다 똑같은 축을 물고 맴 맴 맴 돈다 반경 내의 풀들은 키가 작다 정장을 한 염소, 수염을 기른 흑염소들이 뿔로 둥근 대기를 긁는다 파랗게 돋아나는 악보, 풀을 뜯는다 풀 향기 맡으며 메~ ~ ~ ~ ~ ~, 턴테이블 위 여러 장의 음반, 염소들은 바람을 베끼고 구름을 슬쩍 훔치고 땅을 긁어 오물오물 대기와 대지를 믹싱한다 전혀 딴판인 음악을 리믹스한다 염소들의 영혼이 담긴 메~ 에~ ~ ~ ~ ~ ~ ~, 메~ 에~ ~ ~ ~ ~ ~ ~, 언덕을 날아다니는 염소들의 랩, 기절할 듯 열광하며 몸을 눕히는 잡초, 리더 보컬은 연방 음표같이 까맣고 동글동글한 똥을 눈다 골짜기엔 염소탕으로 보신한 중년의 남녀들 노래방 기계 반주에 맞춰 피둥피둥한 몸뚱이를 흔들어댄다 저들 몸속에서 쿵 쿵 되울리는 음악, 경사진 언덕 검은 디 디 디제이들, 레 레 레코드판이 미 미 밀리고 당기고, 뭉게 뭉게 뭉게구름 위로 퍼져가는, 메~ 에~ 에~ ~ ~ ~ ~, 메~ 에~ 에~ ~ ~ ~ ~

오, 나의 태양

활활 타는 아궁이지요 누군가 닥치는 대로 불쏘시개를 던져 넣네요 만물이 바래져 새 것이 없어요 높고 높은 탑 속엔 실을 잣는 그레첸 물레에 다친 손가락에서 붉은 피가 툭툭 떨어지네요 그래도 끝없이 비단실을 풀어내는군요 농익은 저 열대과일을 가르면 둥근 씨가 흘러나와 또 태양을 열매 맺는 나무로 자라려나 숫 사자 한 마리 으르렁거리다 금새 암컷과 새끼들을 거느리고 내 눈꺼풀 속으로 뛰어듭니다 먹이사슬의 맨 꼭대기에서 포효하는 맹수 더위에 지쳐 바다에 가도 으르렁 갈기 나부끼며 몰려옵니다 사는 게 전쟁이라고 포신은 종일 화기를 내뿜습니다 세포 분열한 태양이 케이블 선에 매달려 네거리 차도에도 우글우글 뜨고 지고 그럼요 산목숨들을 삼켜 그 힘으로 익어가는 무덤입니다 무덤이 삼킨 것들을 가지런히 모범답안으로 뱉아놓았군요 산자락마다 볼록볼록한 음향판들,

THE

THE #은 반음 높은 지대에 위치한다 THE #은 불켜진 음표와 불 꺼진 쉼표로 이루어지는 불규칙한 악보, THE #은 높은음자리표를 달고 타사 아파트와 차별화된 장조의 소리를 낸다 주민들이 바뀌고 아이들이 바뀌고 쿵쾅거리는 위층의 강약과 단말마의 외침이 들려오지만, THE #의 주제는 명랑과 사랑, THE #은 차량들이 꿀벌처럼 붕붕거리며 돌아오는 밤을 노래한다 주변엔 컴컴하게 처진 단조의 아파트들, 전원을 올리고 키보드를 누르면 THE #, 벌집처럼 노란 꿀물이 흘러내린다 꿀물은 행복의 음악적 형태, '흘러내린다'에 크레센도를 추가하고 음을 고조시켜 THE #은 올림표가 잔뜩 올려다붙은 프리미엄 아파트임을 선언한다

서영처/1964년 경북 영천 출생, 경북대학교 음악과 졸업, 영남대학교 대학원 국문학 박사학위 받음, 2003년 『문학/판』으로 등단, 시집 『피아노악어』 출간.

가시연꽃

호수는 거의 말랐다는 당신이 보낸 엽서 받았습니다
호수 위에 띄우려 했던 가시연꽃은 당분간
우편함 속에 꽂아놓겠습니다
붉은 뻘 흙 거칠한 무늬를 내 집 거실 바닥에 그려
놓은 걸 보니
지난 밤 악어가 다녀간 듯 합니다
반짝 닦인 추억 너머
호수는 지금 얼마나 수런거릴까요
아침에 일어나니 베개가 흠뻑 젖어 있네요
가시연꽃은 조심스레 뿌리 그 쪽으로 내리겠죠
이제 그만 오세요 당신
분홍색 꽃잎 등으로 떠받치고

서기 2010년, 봄

푸르스름한 밤이었다
비비새가 창가에 와서 휘파람을 불고 갔다
그날은 보름이었고
그날은 창문 가득 아름드리 소나무가 차오르는
밤이었다, 그날은
먼데서 누가 팍, 자지러지는 밤이었고
땅 속 깊은 데서 누가
두레박을 퍼올리는 밤이었다
나는 나뭇가지를 헤집고 다니며 비비새를 찾아가는
길이었고
나는 내 목청을 뒤집어 비비새가 허공에 떨어뜨린
휘파람을 따라가는 중이었다
목도리를 짜던 어머니는 피 묻은 내 목청에 놀라
비상벨을 눌러댔고, 펑펑 검붉은 피를 쏟았고, 나는
피의 늪 속에 누워
아득히 날아가는 비비새를 보았다
그날은 수세기 전이었고
먼 데서 별 하나가 팍, 자지러지는 밤이었다

푸르스름한 달밤이었고, 붉고 비린 밤이었고,
그날 나는 강보에 싸여 있었다

얼룩

그는, 느리게 가는 구름 같기도 하고 오래된 SP판의 흠집난 소리 같기도 하다 언젠가 내가 마당으로 내던졌던 죽은 고양이 같기도 하고 그는, 내 작은 고무신을 따라오던 풍금 소리 같기도 하다 그는, 어머니가 씻어 내리던 바가지 속 뿌연 쌀뜨물 같기도 하고 초록과 검정으로 칠갑한 서늘한 밤 같기도 하다 그에 대해서 내가 당신에게 말했을 때 당신은 대답했다 그건 얼룩이야

희뿌연 새벽 울 것 같은 얼굴로

그가 찾아왔다 그는, 바다 밑에서 본 듯하기도 하고 바람 한 점 없는 사막의 모래구릉 아래서 본 듯하기도 하다 언젠가 슈퍼 앞에서, 그에게 나는 형편없는 욕설을 쏟아 부었던 것 같기도 하다 아니, 나는 어쩌면 그를 한 번도 보지 못했을지 모른다 그에 대해 내가 당신에게 말했을 때 당신은 대답했다 그건 너야

나는 끝내 그에 대해 알 수 없었으므로

그를 오래 문 밖에 세워놓았다

그는 얼음처럼 찬 밤과 밤꽃 환한 새벽 사이를
거기 서 있다
아버지 같기도 하고, 도저히 뭐라고 명명할 수 없는
그가 이제 내 방을 지켜준다
그는 느리게 가는 구름 같기도 하고
아주 오래된 소리에 묻은 얼룩 같기도 하다

떡집 여자

떡집 여자가 전원을 켜면
바쁘게 벨트가 돌아가고
밥알이 납작해지고 근대사가 납작해지고 악기가 납작해지고
남은 오후가 납작해진다
압축기 하나로
그 여자는 무엇이나 박살 내고 그것을 짓이겨 새결로 만든다
그 여자의 손에서 당신은
아홉 살 소년으로 뭉클, 피어나고
나는 긴 머리 찰랑거리는 포플러 곁에
팻말처럼 심겨진다
질기고 오랜 시간도 떡집 여자가 돌리는 기계 속에서는
붐붐붐붐 가볍게 날아오르고, 눈물 나는 옛사랑도
머리핀처럼 가볍게 튕겨오른다
죽은 나뭇잎, 젊은 남자, 빨간 전화기를 만들어내는
그 집을 기웃거리면서

나는 희망과 소멸을 꿈꾸고
구름의 집을 짓고 따스한 김이 나는
말랑말랑한 아이를 낳는다
그 여자가 더 이상 희망과 절망을 반죽하려 하지 않을 때
나는 더 이상 아이를 낳을 수 없고
두려워라, 세상은 거대하게 부풀어 오르겠지
그 좁고 더러운 유리창 안 동력기 벨트가
툭, 끊어질 때

그런데, 나는 정말

방문을 여니 의자 위에 글쎄, 텅 빈
내가 앉아 있네
텔레비전을 켜니 텔레비전 속에 글쎄, 팍삭 늙은
내가 튀어나오네
자판기 뚜껑을 열자 웬, 불 켜진
천 개의 내 손가락이 들락거리네
글쎄, 나는 나를 내 밖으로 내보내 놓고
가로등이 꺼질 때까지
싸늘한 문 앞에서 기다려 본 적이 있었던가
(그런데 나는 왜 지금 빈 위자 위에 앉아 있지?)
아니, 아니, TV 그리고 자판기 속
천 개의 내 손가락
두려워라, 이 세상에는 나를 기억하는 것들이 너무
많아
내가 찍어놓은 무수한 지문들
의자 깊숙이 박힌 엉덩이 자국, 떠다니는
입술의 독설들
후회로 가득 찬 통곡의 그 밤

입안으로 쏟아져 들어오던 별빛, 별빛, 별빛들,
이 세상에는 나를 포위하는 것들이 너무 많아
그러니까 나는 돌아올 수 없지
(나는, 무사히, 돌아올 수, 있을까,)
그런데 나는 정말 어디로 간 거지?

송종규/1952년 경북 안동 출생, 1989년 『심상』으로 등단, 시집 『그대에게 가는 길처럼』, 『고요한 입술』, 『정오를 기다리는 텅빈 접시』, 『녹슨 방』 출간, 대구문학상 수상.

수레국화

오늘 이곳엔 한 사람만 빼고 다 왔습니다

마당엔 옛 주인이 피운 꽃들 한창이네요
그 중 파란 수레국화를 보셨나요
누구 왜 안 왔는지 아무에게도 묻지 못했는데
파란 꽃, 문득 빈 자리의 빛깔 같습니다

관계는 참 자주 밟히곤 합니다
멀리 있는 음식을 집을 때 누군가 접시를 가까이 옮겨 주었는데
잠깐, 없는 사람이었습니다
누가 유심히 본다면 내 얼굴에서 수레국화를 볼까요
그 빛깔을 가지려면
꽃만큼이나 고단했을 겁니다

오늘 이곳엔 한 사람만 있습니다

눈에 밟힌다는 말,

밟는 사람이 더 아픈 이런 장면도 있네요
잡담이나 웃음소리들이 겉도는 저 아래 쪽은 축축한 그늘
파란 수레,
그 바퀴에 이미 추운 생이 감겨 버린 듯
감겨서 굴러 간 듯

오늘 이곳엔 나만 빼고 다 있습니다

공중 무덤

부석사 오르는 길
노랗게 물든 은행나무
둘레가 광배 두른 듯 환하다
비현실적이다
우리 사는 동네 그리 어두웠는지
일행들 되새 떼처럼 우루루
나무 아래 노랗게 꽂힌다

불 켠 나무 아래 들어간 사람들
둥그렇게 서거나 앉게 하고
카메라 셔터를 눌렀다
천마총 내부 같은
한 컷
한 순간이 공중에서 순장되었다

그 환한 무덤
잠시 높이 날아 간 웃음들, 왁자한 몸짓들
가방이나 선글라스 그리고 챙 모자가

그대로 한 덩이 차가운 돌처럼
浮石처럼
무량수전이 된

너무 환해서 그 내부는 고열,
너무 환해서 그 뒤는 적막,

결혼식

하얀 드레스 자락이 조마조마 먼지를 끌고 간다

구두 안에 웅크린 발등도 꼼지락거리겠다

신부, 먼 나라서 온 신부

먼지보다 더 작게 웃을락 말락

소름 돋은 팔이 가늘고 착잡하다

하얗게 펼쳐놓은 길, 꿈길

슬쩍 당기면 헝클어질 광목 깔개가

문득 실크로드 같다

천 년 전 사막을 횡단하던 대상들, 오늘 정장으로 모여 삼삼오오 술렁이는데

저 행진 끝이 나면

인연은 무엇을 흥정할 것인가

일생이 서로 건네고 받아야 할 교역이라는 듯

지금, 꽉 끼는 구두 참으며 간다

불빛 아래 보송보송한 먼지, 축가 날리는 속으로

인조 속눈썹 깜빡이며 어린낙타는 간다

저 푸른 초원

풀밭에서 종일 풀을 뜯고 있자면
소가 풀밭이 되고 싶을 때가 있을 것이다
누워서 하늘을 다 차지하는 근원이 되고 싶기도 할 것이다
풀밭을 뺏으면 더는 할 일이 없을 것처럼
소는 제 그림자까지 쥐어뜯고 있는데

종일 풀을 뜯고 있다고 소의 고민이 줄어드는 건 아닐 것이다
당신이 내 고민을 뜯어갔어도 소가 지나간 풀밭처럼 어둠의 반경은 넓어졌다

무성한 제 음모를 밀고나니 남자가 떠나더라는 선배는
자신의 머리까지 밀었다
생의 방향을 다른 쪽으로 밀었다
삭발한 머리에서 새순이 나올 때의 촉감은
까칠한 갈등이기도 했다는데

먹옷 안에 자신의 풀밭을 감추어두자면 얼마나 따가웠을까
그의 바랑 안에서 나온 거웃한 빗 한 자루,

생이 너무 무료해서
어쩌면 풀밭이 소를 따라왔는지 모른다
빗어야 할 업은 지금 넓디넓어서
전생은 따로 둘 게 없을 것이다

꽃

돌확에 띄웠다가 시든 국화 건져낸다
꽃이 꽃을 버릴 때는 한 치 가차도 없어서
그 독한 냄새란
입양 보내는 어미 정 떼는 눈길만큼 매섭다
시커멓게 상한 꽃잎은
돌아서는 어미 눈가처럼 짓물러 있지만
꽃이 떠난 돌확의 퀭한 눈도 그만큼 젖거나 어둡다
보내고 떠나는 자리는
봉합수술한 흔적처럼 없는 듯 남아
하릴없이 옆구리가 결리기도 한다
마음 준 자리마다 피운 게 꽃이라면
꽃!
눈에 밟히지 마라
끝없다

이규리/1955년 경북 문경 출생, 계명대학교 대학원 문예창작학과 졸업, 1994년『현대시학』으로 등단, 시집『앤디 워홀의 생각』,『뒷모습』출간, 대구시인협회상 수상.

번개탄, 저 봄 햇살

내 한 몸 불살라
겨울 나목들 암실숲에
얼어붙은 정담에 불붙일 수 있다면

그 불씨로
섬과 섬, 얼음벽 사이
푸성귀로 시장 난전을 연 할머니 굳은 어깨에
들불산불 일으켜
산경표 서 있는 길 태워버릴 수 있다면

해종일 제 발가락 촉수들 깨워 일으키느라
서산마루 땅거미 다가서는 소리 모르는
저, 느리게 피어나는
봄 햇살

흰 소의 울음징채를 찾아

딸아, 네 몸도 마음도 다 징이니라

한 번 울 때마다 둔탁한 쉰소리지만
그 날갯죽지엔
잠든 귀신도 깨울 수 있는 울림의
흰 그늘이 서려 있단다

살다보면
수많은 징채들이 네 가슴 두드릴 것이니
봄눈을 이기려는 매화 매운 향이
낙엽까지 휩쓸어가려는 높새바람의 춤이
한파를 못 견디는 설해목의 목 꺾는 울음소리가

이 모든 바람의 징채들이 너를 칠 것이나
그렇다고 자주 울어서는 안 되느니라
참고 웃다가 정말로 가슴이 미어터질 때
그럴 때만 울어라, 단지 울고 울어
네 흐느낌 슬픔의 밑뿌리까지 적시도록

징채의 무게 탓하지 말고
네 떨림의 소리그늘이 퍼져나가도록

눈 내리는 이 밤, 아버지
그 말씀의 거북징채가 새삼 저를 울리고 있습니다

우포늪에서

어느 날 문득 깨달았던 것이다. 생각 없이
아무 생각 없이 그저 흐르는 물은
꽃을 피울 수 없다는 것을,
푸우욱 썩어 늪이 되어 깊이 깨달아야 겨우
작은 꽃 한 송이 피울 수 있으리라
퍼뜩 생각났던 것이다
사오천 만 년 전 낙동강 한 줄기가 무릎을
탁, 쳤을 것이다. 분명히
달면 삼키고 쓰면 버릴 것이 아니라 그 모든 것
제 속에 썩혀서 어느 세월엔가
연꽃 한 송이 꽃피울 꿈을 꾸었던 것이다
조상의, 조상의 뿌리를 간직하려고
원시의 빗방울은 물이 되고
그 물 다시 빗방울 되어 떨어져 물결 따라
흘러가기를 거부한 늪은, 말없이
흘러가기를 재촉하는 쌀쌀맞은 세월에
한 번 오지게 맞서 볼 작정을 했던 것이다
때론 갈마바람 따라 훨훨 세상과 어울리고저

깊이 가라앉아 안슬픈 긴긴 밤이었지만
세월을 가두고
마음을 오직 한 곳으로 모아
끈질긴 가시들을 뿌리치고, 기어이 뚫어
오바사바 세월들이 썩은 진흙 구덩이에서 기어이
사랑홉는 가시연꽃 한 송이 피워내고 만 것이다

休火山이라예—

— 처용아내 2 (벼랑 끝의 꽃)

보이소예,
지는예 서답도 가심도 다 죽은
死火山
인 줄 아시지예? 이 가슴속엔예
안직도 용암이 펄펄 끓고 있어예.
언제 폭발할지 지도 몰라예.
울타리 밖의 꽃만 꽃인가예?
시들긴 했지만 지도 철따라 피었다 지는
꽃이라예.
시상에, 벼랑 끝의 꽃이 예뻐보인다고
지를 꺾을라 카는 눈 빠진 싸나아 있다카믄
꽃은 꽃인가봐예?
봄비는 추적추적 임 발자국 소리 겉지예.
벚꽃 꽃잎이 나풀! 나풀! 한숨지미
떨어지고 있지예. 혼차 지샐라 카이
너무 적막강산이라예.
봄밤이라예. 안 그래예?

안개꽃, 그 흰 그늘

조용히 악보만 넘기고 있는 그림자
연주자에게
조명과 찬사를 돌려주기 위해

너는 누구를 위한 페이지 터너인가

저 빛나는 주인공들을 위해
스스로 흰 그늘이 되어 떨고 있는 너
제 가슴 쓰다듬으며

영혼 깊은데서 두드리는 통증, 그 페이지를
밤마다 남몰래 몰래 넘긴다

정 숙/1948년 경북 경산 출생, 경북대학교 문리대학 국어국문학과 졸업, 1991년 『시와시학』으로 등단, 시집 『신처용가』, 『위기의 꽃』, 『불의 눈빛』, 영상시집 『바람다비제』 출간, 2010년 만해 님 시인 작품상 수상.

| 정유정 편 |

식물도감은 나를 바람나게 해요

오대산꿩의바람꽃 찾아 떠났다가
열두 장 하얀 꽃잎에 갇혀
길 잃은 사람 보아요 은은한
보랏빛 하늘 드리우고
자귀나무 잎사귀 아래 해 지는데
바람처럼 달디단 한숨, 홀아비꽃대 하나
그늘진 산자락 펼쳐들고 나를 불러요

배웅

별빛 줄기 가장 낮은 끝에서
우리는 길게 손 흔들었다 반쯤
낯선 도로의 팻말 지워지고
그대 눈빛 끝난 어디쯤인가
긴 발목 잠겨
목덜미 끝 슬픔 게워내고
그대로 길가에 눌러앉은 돌이 되었다

나는 보석을 사면 캄캄해진다

반짝이는 건 이슬, 햇빛이 있기 때문이지, 해가 오를 때 아버지는 빨랫줄에 매달린 물방울을 손가락으로 툭툭 건드렸다

목욕통에서 피부 위로 흘러내린 비누거품 부풀어 햇살에 반사되고 색색의 조화 이루는 동안 나는 그것들의 행렬 따라 마구 달렸다 멀리 가지 말아라 빛은 곧 없어질 테니까 반짝이는 것은 모두 마찬가지지

아버지는 나를 거품 속에서 꺼냈다
그대로 놔두세요 아버지,
캄캄하게 어른이 되는 건 싫어요
나는 무엇이든 반짝이는 곳에서 살고 싶어요

반짝이는 곳!
탁!
아버지는 불을 껐다 잘 자라 아가야
어디 지금도 빛나는 것들이 있니?

라벤더, 보랏빛의 이별
— 북해도 · 1

북해도의 바다는 이해하는 걸까 라벤더평원*을 지나 한 잎 슬픔도 남기지 않고 돌아가는 나를, 촘촘한 새벽이 자줏빛 하늘과 바다를 깨울 때 물살 투명해져 모든 소리 나는 것들과 같이 사람 숨소리조차 열없이 맑을 때, 물의 가장 깊은 곳, 빛이 새지않는 곳으로부터 라벤더 향기는 흘러나온다 어떤 때 이 청명한 바다는 내 힘의 반대편에 서 있었을까 까탈스럽게 고요한 물깊이를 가늠해보거나 따뜻한 이들 눈빛을 애써 외면하고 돌아오는 나의 발이 싸늘하다 높낮이가 다른 삶의 무게를 물 위에 띄우고 눈에 보이지 않게 서서히 떨리는 심해를 밟고 한 줄기 미련도 남기지 않고 돌아왔으니

*꿀풀과의 관목으로 북해도에는 라벤더농원이 많다.

벌레

뒤집어진 채 다시 일어나지 못하고 말라버린 벌레를 주워 손가락으로 문질러보았다 갈색 분말이 되어 소리 없이 떨어지는 삶 그는 혼탁한 무게 가득 찬 사람 몸뚱이를 비웃듯 가볍게 날아갔다 그는 사람보다 쉽게, 편안하게, 냄새도 없이 흙이 되었다

정유정/1950년 경북 영일 출생, 1992년 『현대문학』으로 등단, 시집 『보석을 사면 캄캄해진다』 출간.

바람꽃

바람꽃 하나 바람꽃으로 피어 있다
바람꽃 하나 바람꽃으로 흔들리고 있다
바람꽃 하나 바람꽃으로 울고 있다
무채색 한 송이 꽃
울고 있는 꽃 이파리 뒤에서
술 취한 엉겅퀴꽃의 굵은 목소리가
콱콱 가슴팍을 쥐어박고 있다
바람꽃 하나 바람꽃 하나로 온 데 간 데 없다
흔적도 없이 흔적도 없이
떨어져 영영 보이지 않는
아, 무채색 바람꽃 한 송이.

풀꽃이고 싶다

풀꽃이고 싶다 싱그러운
바람이 불 때마다
깜찍하게 깜찍하게 피어나는,
피어나서 크게 둥글게
그대 마음 흔드는 풀꽃이고 싶다

그대 손짓할 땐 아주 작은 모습으로
푸르름의 들풀 헤치고
그대 따스한 마음 안에 들어가
활짝 웃음치고 돌아서는
어여쁘고 야한 풀꽃이고 싶다

나의 사랑에 대하여
나의 그리움에 대하여
나의 삶에 대하여

이슬이 묻는다면
안개가 묻는다면

말 없는 그대 미소가 묻는다면

아, 나는 할 말을 모두 잊고, 그대 앞에
바보처럼 바보처럼 흔들리는
작고 여린 풀꽃이고 싶다

그대 마음 속 깊이 깊이 내려가
가장 낮은 목소리로 속삭이는
그런 풀꽃이고 싶다.

생의 한 저녁

말하지 않아도 되는 날은 말하지 않았다
그것이 편했다
그랬더니 사람들은 나를 죽은 사람으로 생각했다
그들의 생각이 그럴 수 있다에 머물었을 때
난 그저 씩 웃으며 마음을 지웠다

어두운 대기 속으로 몸을 감추는
들꽃 길을 따라가며
내 존재의 자리는 어디인가란 생각보다
무관심에 관한 긴 휴식을 떠올렸다

가끔은 어둠의 가장 깊고 부드러운 안식에서
수 없이 그렸다 지웠던 욕망의 알팍함에 기대었던
지난날의 어둠을 생각했다

무엇인가 지상에서의 부질없는 것들은
누가 나를 죽은 사람으로 생각해도
내 부재의 자리를 즐기는 오늘 저녁 생이여,

그래도 끝내 버려두지 않기에
마음지운 자리 꽃꽃이 피워낸 망초꽃 한 다발.

하오 6시의 풍경

하오 6시의 황혼은
길 밖에 길이 있어
그것을 바라보는 우리는 언제나
그 길 안에서 황홀해한다
그 길 위로 알 수 없는 노래, 기타소리가
흘러가고,
그 길 위로 알 수 없는 인기척, 기침소리가
지나가고
그 길 위로 우수수 떨어지는 추억,
은사시나무 그림자 사이로
한때의 격정이 끓어오르고
믿음의 산책로를 걷기위해 신을 신는
황혼의 발
내 포켓 속 짤랑거림도 기뻐하며 따라 나서는
하오 6시의 명백한 이끌림
나는 아름답고 은밀한 속삭임만 엿듣는
세상의 귀가 되고 싶다
잘 익은 풍경 한 잔을 마시고 싶다.

기침

영하의 추위 속에 버려져 있었네
눈 덮인 들판 위에 버려져 있었네
가장 낮게 혹은 높게 솟아 올랐다 가라앉았네
그리고 다시 떠오르는 것을 한 번도 보지 못했네
푸른 노을 속에 칵칵 쏟아낸
검붉은 달.

조행자/1941년 대구 출생, 대구가톨릭대학교 국어국문학과 졸업, 1979년 『현대시학』으로 등단, 시집 『영혼의 집 별의 집』, 『이상한 날의 기억』, 『지금은 3시』 출간, 대구문학상 수상.

| **황명자 편** |

엄마가 빠져 나가셨다

둥근 호마이카상 같다

어느 한 군데
울퉁불퉁한 구석 없이
반들반들 펴놓은 국수반죽

홍두깨로 애써 미는데
썩은 고무줄처럼 툭. 툭. 끊어진다
육질이 없다

애꿎은 반죽 탓하면서도
힘에 부친단 말은 죽어도 안 하는
팔순 넘은 엄마,
아무리 곱게, 곱게, 썰어보려 해도
꾸들꾸들 널브러지는 면발들

이제, 엄마는 없다

복사꽃 꽃술이

임당고분 밑자락,
복사꽃밭 있다 압독국 어린 임금
묻힌 봉분 아래로
복사꽃잎 흐드러지면 유독,
뱀이 많다 쉬익, 지날 때마다
복사꽃잎 파르르 떨고
복사꽃 꽃술은 뱀의 혀처럼
뜨거운 입김 날름날름 내뿜는다
뱀하고 눈맞았나,
곱디고운 꽃잎 떨구던 날,
꽃잎 위에 살포시 허물 벗은 뱀들,
꽃길 만들어놓고 사라졌다

전생을 보다

거북이 등에 덥석 올라타는 꿈을 꿨다

수사슴과 여인의 정사 장면이 담긴
몽고 암각화를 보는 순간,
거북이 등에 올랐을 때의 감촉이
꿈틀꿈틀 되살아난다

수사슴의 긴 성기가
거대한 곤충의 더듬이처럼
몸 밖을 나와서
홀레 붙듯
여인의 가랑이 안에 숨겨져 있다

온몸은 부풀어
물풍선처럼 출렁대고
나도 모르게
달콤한 사랑에 빠져드는

유서를 쓴다

밤새도록 비 내리고
창가에 앉아
빗물이 되고 싶다고 쓴다

푸른 안개 감도는 천 길 낭떠러지 끝에
대롱대롱 매달렸다가 양철지붕을 튕겨나가듯
퉁, 떨어지면 시간은 곧바로 멈춰지고
더는 죄짓지 않으면서 쉴 수 있을 거라고,
연옥에서 기다리겠다고 쓰고 싶은데

유서 속 말들을 머금은 빗줄기
哭소리내며 강물처럼 흘러간다

삼나무숲을 바라보다

첨으로 삼나무숲을 보았습니다
무척이나 사랑스런 몸들이었죠

숲은 우거져 어디에도 길은 없고
우두커니 바라볼 뿐이었습니다
하늘 찌를 듯 높디높은 삼나무 꼭대기엔
정말 하늘이 꽂혔더군요

구름 한 점 내려와
나무의 윗몸을 감쌌고
사십 미터 키에 어울리지 않게 부끄럼을 타듯
후들후들 떨더니 하늘을 내려놓는 삼나무는
아마도,
바라보는 눈길 있다는 걸 알았나 봅니다

手淫하다 들킨 소녀처럼,
나도 부끄럽더군요 으으,
언제까지 이렇게 바라봐야만 할까요

습진 곳과 물을 좋아하는 삼나무,
그 신비로움마저도 들키고 말았으니
이젠, 다가가서 힘껏, 안아 봐도 되겠지요

황명자/1962년 경북 영양 출생, 1989년 『문학정신』 신인상으로 등단, 시집 『귀단지』 출간.

대구여성시 20인선집

초판 1쇄 펴낸 날 / 2010년 12월 7일

지은이 / 박정남 외
펴낸이 / 박진환

펴낸곳 / 만인사
등록번호 / 1996년 4월 20일 제03-01-306호
주소 / (우)700-813 대구광역시 중구 대봉2동 743-7
전화 / (053)422-0550
팩스 / (053)426-9543
홈페이지 / www.maninsa.co.kr

ISBN 978-89-6349-020-5 03810

값9,000원